창세기 출애굽기 레위기 민수기 신명기 여호수아 사사기 룻기 사무엘상
사무엘하 열왕기상 열왕기하 역대상 역대하 에스라 느헤미야 에스더 욥기
시편 잠언 전도서 아가 이사야 예레미야 예레미야애가 에스겔 다니엘
호세아 요엘 아모스 오바댜 요나 미가 나훔 하박국 스바냐 학개 스가랴 말라기

마태복음 마가복음 누가복음 요한복음 사도행전 로마서 고린도전서
고린도후서 갈라디아서 에베소서 빌립보서 골로새서 데살로니가전서
데살로니가후서 디모데전서 디모데후서 디도서 빌레몬서 히브리서 야고보서
베드로전서 베드로후서 요한1서 요한2서 요한3서 유다서 요한계시록

창세기 출애굽기 레위기 민수기 신명기 여호수아
사사기 룻기 사무엘상 사무엘하 열왕기상 열왕기하
역대상 역대하 에스라 느헤미야 에스더 욥기
시편 잠언 전도서 아가 이사야 예레미야 예레미야
애가 에스겔 다니엘 호세아 요엘 아모스 오바댜
요나 미가 나훔 하박국 스바냐 학개 스가랴 말라기
마태복음 마가복음 누가복음 요한복음 사도행전
로마서 고린도전서 고린도후서 갈라디아서
에베소서 빌립보서 골로새서 데살로니가전서
데살로니가후서 디모데전서 디모데후서 디도서
빌레몬서 히브리서 야고보서 베드로전서 베드로후서
요한1서 요한2서 요한3서 유다서 요한계시록

헤브론 성경통독

성경, 당신이 다시 걸어야 할 첫 번째 길

헤브론 성경통독

Hebron

송준기

단숨에 읽지 말고
단단하고 깊이 주님과 만나라!

성경 전체를 통과하며 예수가 그리스도이심을 깨닫고
제자로 살아가는 길을 배우는 실제적 통독 안내서

규장

제자화의 핵심, 성경통독

실패 앞에서

새벽부터 비가 내렸다. 늦은 겨울비였다. 얼음 알갱이가 섞여 내리더니 이내 눈으로 바뀌었다. 그날은 발렌타인데이이자 내 생일이었다.

마음이 심란했다. 지난 10년간의 사역을 돌아보며 기도에 잠겼다. 돌이켜보면, 모든 순간이 하나님의 은혜였다. 먹고 마시는 일, 사람을 만나는 일, 전도와 제자화 그리고 교회 개척까지 하나님의 간섭이 있었기에 가능했다. 문제는 '나'였다.

당시 나는 마치 기근을 만난 아브람 같았다. 믿음의 조상인 그가 잘 순종하다 말고 애굽으로 내려간 일이 꼭 내 이야기 같았다(창 12:10). 중간에 곁길로 새버린 아브람처럼 나도 방황하기 시작했다. 나의 기근은 리더십의 한계였다. 사역은 점점 커지는데, 정작 나는 인격적으로나 영적으로 턱없이 부족했다.

선교적 교회 개척을 통한 세계 선교의 완성, 이것이 내가 도달해야 할 가나안이었다. 하지만 10년의 순종 여정에서 나는 너무 많은 실수를 저질렀다. 그와 더불어 영성, 지성, 인격, 됨됨이, 행정력, 실행력, 체력 등 비전 성취를 위해 필요한 어떤 것도 충분히 갖추질 못했다.

어쩌면 하나님이 주신 소명에 걸맞지 않은 사람인지 모른다고 스스로 생각하던 때, 전화벨이 울렸다.

"안녕하세요, 저 김용의입니다."

로그미션(복음의빛선교협회)의 김용의 선교사님이셨다. 수십 년 전 선교한국 집회와 예수전도단 화요모임에서 들은 그 분의 뜨거운 메시지가 내 심령 깊은 곳에 남아 있었다.

처음엔 귀를 의심했다.

"네? 그 김용의 선교사님이요?"

김 선교사님은 '예수교회 회복운동'을 진행하는 중에 웨이처치 이야기를 들었다며 나를 만나고 싶다고 하셨다. 나는 곧장 선교사님을 만나러 갔다. 가는 길은 멀었지만, 다

행히 눈비가 멎어서 순조로웠다. 도착했을 때는 해가 나 있었다.

약속 장소는 선교사님들 가정이 공동체 생활을 하는 숙소이자 선교회 사무실이었다. 선교사님은 웨이처치와 나의 소명 여정에 관해 여러 질문을 던지셨다. 나는 간단히 대답한 후 선교사님의 이야기를 듣고 싶다고 말했다. 그 분을 만나면 꼭 하고 싶었던 질문이 있었다.

나는 내가 실패한 사역자 같았다. 큰 비전을 품고 분투했지만, 열매는 적었고, 문제의 중심에는 늘 내가 있었다. 오랜 시간 존경해 온 김 선교사님의 발자취에 비하면, 내가 지난날 겪은 일은 보잘것없게 느껴졌다.

그래서 다른 무엇보다 인격과 신앙의 한계에 부딪힌 리더십을 어떻게 회복해야 하는지 알고 싶었다. 그리고 또 하나 듣고 싶은 이야기가 있었다.

"선교사님, 혹시 순종하다가 실패했던 경험이 있으세요?"

잠시 생각에 잠긴 선교사님은 목을 축인 뒤에 실패담을 가감 없이 들려주었다. 무려 6시간이나.

성경에서 튀어나온 사람들

선교사님의 이야기는 놀라움 그 자체였다. 자신이 어떤 실패자로 태어났는지부터 차근히 풀어내셨다. 그 분은 요한복음 3장 16절을 통해 예수님과 인격적으로 만났다고 했다. 그 후 구원의 은혜에 감격하여 받은 소명에 최선을 다했지만, 결과는 실패였다고 고백했다. 그러면서 주님께서 어떻게 믿음을 훈련하셨는지를 구체적으로 들려주셨다. 놀라운 장면이 하나둘 펼쳐졌다.

도중에 나는 몇 번이나 오열했다. 내가 꼭 들어야 할 말씀 앞에서 전에 보지 못했던 것이 보이기 시작했다. 주님이 주신 사명을 내가 어떻게 오염시켰는지가 보였다.

'최선'이라는 이름으로 오히려 '믿음의 결핍'을 초래했던, 주님만 온전히 신뢰하지 못했던 과거가 마음의 수면 위로 떠올랐다.

선교사님의 이야기가 온통 내 이야기로 들렸다. 갈수록 내 마음은 통회(痛悔)로 가득 찼다. 주님만 바라보고, 주님만 섬기는 인생이 되고 싶다는 간절한 소원이 솟았다. 가슴이 뜨거웠다.

교제를 마치고 떠나려는데, 선교사님이 또 다른 초대를 해주셨다.

"우리는 한 달에 두 번 전체 모임을 합니다. 다음 모임에 오셔서 웨이처치 이야기를 나눠주실 수 있겠습니까?"

그렇게 참석한 전체 모임에는 김 선교사님 같은 분이 백여 명쯤 계셨다. 그들은 로그미션뿐 아니라 '순회선교단'과 '복음기도동맹'에 소속된 신앙의 고수였다. 믿음으로 주님만 따르는 그들의 표정과 말투와 행동이 너무나 놀라웠다.

그동안 여러 선교단체와 교회를 방문했지만, 그토록 성령 충만한 사람들은 처음이었다. 그들의 이야기를 듣고 싶은 마음이 간절했지만, 내게는 맡겨진 사명이 있었다.

나는 무려 5시간이나 웨이처치가 지금에 이르기까지의 배경과 과정을 나누었다. 내 이야기에 선교사님들은 마치 어린아이처럼 울고 웃었다. 그곳은 꼭 천국 같았다.

다음 날에도 내 생각은 여전히 그곳을 향했다.

'그들은 누구지? 도대체 어떤 사람들일까? 어떻게 그런 천국의 모형이 현실에 존재할 수 있지?'

그들은 성경에서 튀어나온 사람들 같았다. 서로를 사랑으로 대하고, 대화하며 식사하고, 간절히 기도하고, 울부짖으며 찬양하는 모습 하나하나가 마음에서 떠나질 않았다.

그때 전화벨이 울렸다.

“안녕하세요, 조완순 선교사입니다. 헤브론 원형학교 교장을 맡고 있어요.”

그렇게 나는 헤브론 원형학교 채플 설교자로 초청받았다. 당시 나는《부르짖는 기도》를 집필하는 중이어서 로마서 8장 15절로 ‘아빠라고 부르짖으세요’라는 제목의 설교를 준비했다.

설교는 놀라운 은혜 가운데 진행되었다. 채플에는 약 100명의 청소년이 참석했는데, 고등학교 졸업과 동시에 선교사로 나가기 위해 준비 중인 학생들이었다. 설교 내내, 한 명 한 명의 눈빛이 내게 쏟아져 들어왔다.

설교를 마치자 여기저기서 부르짖는 기도 소리가 터져 나왔다. 각국 선교지의 잃어버린 영혼을 향한 울부짖음이었다. 내 연약함이 그 앞에서 산산조각 나는 걸 느꼈다.

그리고 몇 주 후부터 학교에 매주 방문했다. 교장 선생님의 제안으로 다음세대 선교사들에게 성경통독을 가르치는 귀한 기회가 주어졌다. 그로부터 지금까지 2년 넘게, 나는 선교사로 파송 받을 학생들과 성경 이야기를 나누고 있다. ‘헤브론 성경통독’, 바로 이 책의 이야기다.

성경을 가르쳐 지키게 하라

웨이처치는 '선교적 교회'다. '교회'와 '선교'를 분리하지 않고, 이 둘이 하나 된 공동체를 지향한다.

웨이처치는 건물이나 행사가 아닌 제자들의 모임으로 시작되었다. 이 모임은 성령의 사람 1명으로부터 출발한다. 그는 잠재적 제자를 찾기 위해 전도에 나선다. 우선 만나는 모든 사람에게 "예수님이 구원자이십니다"라는 복음의 씨앗을 전한다. 이후 반응을 살피고, 긍정적으로 응답한 사람들을 만나 예수님의 제자가 될 만한 후보를 찾아낸다(이때 선교학적 통계에 근거한 '1,000개의 복음의 씨앗' 전략을 사용한다. 이는 1,000명에게 복음을 전하면 그중 10명이 반응하고, 그중 1명이 진정한 제자가 된다는 원리다).

전도의 진정한 목적은 '제자화'다. 제자 후보생을 찾은 후부터 이 사명이 본격적으로 시작된다. 바로 다음 명령을 토대로 섬김이 이루어진다.

> 내가 너희에게 분부한 모든 것을 가르쳐 지키게 하라 마 28:20

여기서 "모든 것"은 성경 전체를 의미한다. 따라서 제자 후보생에게 성경 전체를 가르치고, 지켜 행하게 하는 단계로 나아간다. 다시 말해, 성경통독적 관점에서 예수님이 누구신지를 알려주고, 그분을 지속해서 믿고 따르도록 돕는 것이다. 이런 제자화의 여정이 웨이처치를 세운다.

나 역시 교회 개척부터 지금까지 성경통독 교사로 사역했다. 그러다 로그미션 사람들을 만나며, 이 일이 더욱 본질적인 사명으로 다가왔다.

앞서 만났던 복음기도동맹의 선교사님들과 헤브론 원형학교의 학생들은 웨이처치보다 더 웨이처치답다. 내가 경험한 어떤 교회보다 더 성경적이다. 그들의 믿음과 순종, 공동체의 모습은 마치 신약성경에서 막 튀어나온 듯하다.

그들은 가는 곳마다 전도하고 제자화하며, 철저히 성경과 기도 중심으로 살아가고, 성령님의 인도에 민감하게 반응한다. 모든 것을 통용하며 신자는 물론이고 불신자에게까지 칭찬과 사랑을 받는 진정한 신앙 공동체다.

나는 지난 2년간 헤브론 원형학교 학생들에게 성경통독을 가르치며 수없이 외쳤다.

"마라나타!"

성경 66권을 생명의 양식으로 삼고, 성경을 통해 예수님이 그리스도이심을 증거할 미래의 선교 요원들이 지금 무럭무럭 자라나고 있다. 그들과 함께 나누었던 성경통독의 핵심을 이 책에 담았다.

프롤로그

Part 1. 성경통독

01 성경이 안 읽히는 이유 …… 19
02 성경 읽기를 가로막는 여섯 가지 장벽 …… 26
03 장벽 너머에는 무엇이 있는가? …… 39
04 성경통독이란 무엇인가? …… 45
05 성경통독을 왜 해야 할까? …… 50
06 성경통독을 어떻게 해야 할까? …… 62

Part 2. 구약성경

07 율법서:
예수님의 구원 계획은 어떻게 시작되었을까? …… 75
08 역사서: 이스라엘에게 왕은 누구였을까? …… 87
09 시가서: 우리가 힘들 때, 예수님은 어디 계실까? …… 96
10 대선지서: 예수님은 왜 심판하실까? …… 113
11 소선지서: 예수님은 왜 구원하실까? …… 127

CONTENTS

Part 3. 신구약 중간기

12 신구약 중간기: 하나님은 왜 침묵하셨을까? ········· 141

Part 4. 신약성경

13 사복음서: 예수님은 무엇을 하셨을까? ··················· 151
14 사도행전: 예수님은 교회를 왜 세우셨을까?············ 160
15 바울서신: 예수님은 교회를 어떻게 세우실까? ········· 171
16 일반 서신: 예수님은 어떤 믿음을 원하실까? ········· 181
17 요한계시록 1:
예수님은 교회에 무엇을 원하실까?························ 192
18 요한계시록 2: 예수님은 어떻게 심판하실까? ········· 201
19 에덴에서 새 예루살렘까지 ································ 207
20 다 가르쳐 지키게 하라 ······································ 214

에필로그

Part 1

성경통독

1 그러므로 이제 그리스도 예수 안에 있는 자에게는 결코 정죄함이 없나니 2 이는 그리스도 예수 안에 있는 생명의 성령의 법
이 죄와 사망의 법에서 너를 해방하였음이라 3 율법이 육신으로 말미암아 연약하여 할 수 없는 그것을 하나님은 하시나니 곧
죄로 말미암아 자기 아들을 죄 있는 육신의 모양으로 보내어 육신에 죄를 정하사 4 육신을 따르지 않고 그 영을 따라 행하는 우
리에게 율법의 요구가 이루어지게 하려 하심이니라 5 육신을 따르는 자는 육신의 일을, 영을 따르는 자는 영의 일을 생각하나
니 6 육신의 생각은 사망이요 영의 생각은 생명과 평안이니라 7 육신의 생각은 하나님과 원수가 되나니 이는 하나님의 법에 굴
복하지 아니할 뿐 아니라 할 수도 없음이라 8 육신에 있는 자들은 하나님을 기쁘시게 할 수 없느니라 9 만일 너희 속에 하나
님의 영이 거하시면 너희가 육신에 있지 아니하고 영에 있나니 누구든지 그리스도의 영이 없으면 그리스도의 사람이 아니라
10 또 그리스도께서 너희 안에 계시면 몸은 죄로 말미암아 죽은 것이나 영은 의로 말미암아 살아 있는 것이니라 11 예수를 죽
은 자 가운데서 살리신 이의 영이 너희 안에 거하시면 그리스도 예수를 죽은 자 가운데서 살리신 이가 너희 안에 거하시는 그
의 영으로 말미암아 너희 죽을 몸도 살리시리라 12 그러므로 형제들아 우리가 빚진 자로되 육신에게 져서 육신대로 살 것이 아
니니라 13 너희가 육신대로 살면 반드시 죽을 것이로되 영으로써 몸의 행실을 죽이면 살리니 14 무릇 하나님의 영으로 인도함
을 받는 사람은 곧 하나님의 아들이라 15 너희는 다시 무서워하는 종의 영을 받지 아니하고 양자의 영을 받았으므로 우리가 아
빠 아버지라고 부르짖느니라 16 성령이 친히 우리의 영과 더불어 우리가 하나님의 자녀인 것을 증언하시나니 17 자녀이면 또
한 상속자 곧 하나님의 상속자요 그리스도와 함께 한 상속자니 우리가 그와 함께 영광을 받기 위하여 고난도 받아야 할 것이니
라 18 생각하건대 현재의 고난은 장차 우리에게 나타날 영광과 비교할 수 없도다 19 피조물이 고대하는 바는 하나님의 아들들
이 나타나는 것이니 20 피조물이 허무한 데 굴복하는 것은 자기 뜻이 아니요 오직 굴복하게 하시는 이로 말미암음이라 21 그 바
라는 것은 피조물도 썩어짐의 종 노릇 한데서 해방되어 하나님의 자녀들의 영광의 자유에 이르는 것이니라 22 피조물이 다 이
제까지 함께 탄식하며 함께 고통을 겪고 있는 것을 우리가 아느니라 23 그뿐 아니라 또한 우리 곧 성령의 처음 익은 열매를 받
은 우리까지도 속으로 탄식하여 양자 될 것 곧 우리 몸의 속량을 기다리느니라 24 우리가 소망으로 구원을 얻었으매 보이는 소
망이 소망이 아니니 보는 것을 누가 바라리요 25 만일 우리가 보지 못하는 것을 바라면 참음으로 기다릴지니라 26 이와 같이 성
령도 우리의 연약함을 도우시나니 우리는 마땅히 기도할 바를 알지 못하나 오직 성령이 말할 수 없는 탄식으로 우리를 위하
여 친히 간구하시느니라 27 마음을 살피시는 이가 성령의 생각을 아시나니 이는 성령이 하나님의 뜻대로 성도를 위하여 간구
하심이니라 28 우리가 알거니와 하나님을 사랑하는 자 곧 그의 뜻대로 부르심을 입은 자들에게는 모든 것이 합력하여 선을 이
루느니라 29 하나님이 미리 아신 자들을 또한 그 아들의 형상을 본받게 하기 위하여 미리 정하셨으니 이는 그로 많은 형제 중
에서 맏아들이 되게 하려 하심이니라 30 또 미리 정하신 그들을 또한 부르시고 부르신 그들을 또한 의롭다 하시고 의롭다 하
신 그들을 또한 영화롭게 하셨느니라 31 그런즉 이 일에 대하여 우리가 무슨 말 하리요 만일 하나님이 우리를 위하시면 누가 우
리를 대적하리요 32 자기 아들을 아끼지 아니하시고 우리 모든 사람을 위하여 내주신 이가 어찌 그 아들과 함께 모든 것을 우
리에게 주시지 아니하겠느냐 33 누가 능히 하나님께서 택하신 자들을 고발하리요 의롭다 하신 이는 하나님이시니 34 누가 정
죄하리요 죽으실 뿐 아니라 다시 살아나신 이는 그리스도 예수시니 그는 하나님 우편에 계신 자요 우리를 위하여 간구하시는
자시니라 35 누가 우리를 그리스도의 사랑에서 끊으리요 환난이나 곤고나 박해나 기근이나 적신이나 위험이나 칼이랴 36 기
록된 바 우리가 종일 주를 위하여 죽임을 당하게 되며 도살 당할 양 같이 여김을 받았나이다 함과 같으니라 37 그러나 이 모
든 일에 우리를 사랑하시는 이로 말미암아 우리가 넉넉히 이기느니라 38 내가 확신하노니 사망이나 생명이나 천사들이나 권
세들이나 현재 일이나 장래 일이나 능력이나 39 높음이나 깊음이나 다른 어떤 피조물이라도 우리를 우리 주 그리스도 예수 안
에 있는 하나님의 사랑에서 끊을 수 없으리라 로마서 8장 1 그러므로 이제 그리스도 예수 안에 있는 자에게는 결코 정죄함이 없
나니 2 이는 그리스도 예수 안에 있는 생명의 성령의 법이 죄와 사망의 법에서 너를 해방하였음이라 3 율법이 육신으로 말미
암아 연약하여 할 수 없는 그것을 하나님은 하시나니 곧 죄로 말미암아 자기 아들을 죄 있는 육신의 모양으로 보내어 육신에
죄를 정하사 4 육신을 따르지 않고 그 영을 따라 행하는 우리에게 율법의 요구가 이루어지게 하려 하심이니라 5 육신을 따르
는 자는 육신의 일을, 영을 따르는 자는 영의 일을 생각하나니 6 육신의 생각은 사망이요 영의 생각은 생명과 평안이니라 7 육
신의 생각은 하나님과 원수가 되나니 이는 하나님의 법에 굴복하지 아니할 뿐 아니라 할 수도 없음이라 8 육신에 있는 자들은
하나님을 기쁘시게 할 수 없느니라 9 만일 너희 속에 하나님의 영이 거하시면 너희가 육신에 있지 아니하고 영에 있나니 누구
든지 그리스도의 영이 없으면 그리스도의 사람이 아니라 10 또 그리스도께서 너희 안에 계시면 몸은 죄로 말미암아 죽은 것이
나 영은 의로 말미암아 살아 있는 것이니라 11 예수를 죽은 자 가운데서 살리신 이의 영이 너희 안에 거하시면 그리스도 예수
를 죽은 자 가운데서 살리신 이가 너희 안에 거하시는 그의 영으로 말미암아 너희 죽을 몸도 살리시리라 12 그러므로 형제들
아 우리가 빚진 자로되 육신에게 져서 육신대로 살 것이 아니니라 13 너희가 육신대로 살면 반드시 죽을 것이로되 영으로써 몸
의 행실을 죽이면 살리니 14 무릇 하나님의 영으로 인도함을 받는 사람은 곧 하나님의 아들이라 15 너희는 다시 무서워하는 종
의 영을 받지 아니하고 양자의 영을 받았으므로 우리가 아빠 아버지라고 부르짖느니라 16 성령이 친히 우리의 영과 더불어 우
리가 하나님의 자녀인 것을 증언하시나니 17 자녀이면 또한 상속자 곧 하나님의 상속자요 그리스도와 함께 한 상속자니 우리
가 그와 함께 영광을 받기 위하여 고난도 받아야 할 것이니라 18 생각하건대 현재의 고난은 장차 우리에게 나타날 영광과 비
교할 수 없도다 19 피조물이 고대하는 바는 하나님의 아들들이 나타나는 것이니 20 피조물이 허무한 데 굴복하는 것은 자기 뜻
이 아니요 오직 굴복하게 하시는 이로 말미암음이라 21 그 바라는 것은 피조물도 썩어짐의 종 노릇 한데서 해방되어 하나님
의 자녀들의 영광의 자유에 이르는 것이니라 22 피조물이 다 이제까지 함께 탄식하며 함께 고통을 겪고 있는 것을 우리가 아
느니라 23 그뿐 아니라 또한 우리 곧 성령의 처음 익은 열매를 받은 우리까지도 속으로 탄식하여 양자 될 것 곧 우리 몸의 속
량을 기다리느니라 24 우리가 소망으로 구원을 얻었으매 보이는 소망이 소망이 아니니 보는 것을 누가 바라리요 25 만일 우
리가 보지 못하는 것을 바라면 참음으로 기다릴지니라 26 이와 같이 성령도 우리의 연약함을 도우시나니 우리는 마땅히 기도
할 바를 알지 못하나 오직 성령이 말할 수 없는 탄식으로 우리를 위하여 친히 간구하시느니라 27 마음을 살피시는 이가 성령
의 생각을 아시나니 이는 성령이 하나님의 뜻대로 성도를 위하여 간구하심이니라 28 우리가 알거니와 하나님을 사랑하는 자
곧 그의 뜻대로 부르심을 입은 자들에게는 모든 것이 합력하여 선을 이루느니라 29 하나님이 미리 아신 자들을 또한 그 아들
의 형상을 본받게 하기 위하여 미리 정하셨으니 이는 그로 많은 형제 중에서 맏아들이 되게 하려 하심이니라 30 또 미리 정하
신 그들을 또한 부르시고 부르신 그들을 또한 의롭다 하시고 의롭다 하신 그들을 또한 영화롭게 하셨느니라 31 그런즉 이 일
에 대하여 우리가 무슨 말 하리요 만일 하나님이 우리를 위하시면 누가 우리를 대적하리요 32 자기 아들을 아끼지 아니하시
고 우리 모든 사람을 위하여 내주신 이가 어찌 그 아들과 함께 모든 것을 우리에게 주시지 아니하겠느냐 33 누가 능히 하나님
께서 택하신 자들을 고발하리요 의롭다 하신 이는 하나님이시니 34 누가 정죄하리요 죽으실 뿐 아니라 다시 살아나신 이는 그
리스도 예수시니 그는 하나님 우편에 계신 자요 우리를 위하여 간구하시는 자시니라 35 누가 우리를 그리스도의 사랑에서 끊
으리요 환난이나 곤고나 박해나 기근이나 적신이나 위험이나 칼이랴 36 기록된 바 우리가 종일 주를 위하여 죽임을 당하게 되
며 도살 당할 양 같이 여김을 받았나이다 함과 같으니라 37 그러나 이 모든 일에 우리를 사랑하시는 이로 말미암아 우리가 넉
넉히 이기느니라 38 내가 확신하노니 사망이나 생명이나 천사들이나 권세들이나 현재 일이나 장래 일이나 능력이나 39 높음이
나 깊음이나 다른 어떤 피조물이라도 우리를 우리 주 그리스도 예수 안에 있는 하나님의 사랑에서 끊을 수 없으리라 로마서 8장

01 성경이 안 읽히는 이유

우리는 하나님이 인격적 존재이심을 거의 잊었다.
하나님과의 관계도 마치 사람과의 관계처럼 길러져야 한다.
A. W. 토저

들킬까 봐

봄비가 장마처럼 내리던 어느 새벽, 기도를 마치고 집에 돌아와 교회 성경통독 단톡방을 열었다.

"출애굽기 18장까지 완료!"

"오예! 민수기 7장 돌파 중입니다!"

"신명기 진입 성공!"

1명, 2명, 3명… 오늘도 자랑처럼 터져 나오는 인증 릴레이. 속으로 피식 웃었다. 기특하기도 했지만, 곧 한숨이 새어 나왔다. 칭찬의 글이나 하트 이모티콘을 누르려다 말았다. 그 시각 나는 단 1줄도 읽지 않고 있었기 때문이다.

그럼 뭘 하고 있었냐고? 1시간째 영상만 보고 있었다. 처음엔 1개만 볼 생각이었다. 잠시 머리를 식히려고. 아니, 그냥 습관적으로 유튜브를 켰다. 고양이 영상을 보다 보니, 다음엔 누가 라면을 가장 빠르게 먹는지 대결하는 영상이 추천되었다. 다음은 50미터 자유형 호흡 잘하는 법, 그다음은 백패킹 중 소름 돋는 순간 모음, 또 그다음은….

'이게 뭐라고 이렇게 보고 있지?'

속으로 수십 번 다짐했다. 그만 보고 성경을 읽자고. 하지만 손가락은 또 다음 영상을 눌렀다.

조금만 더

미루는 건 내 특기였다. 학창 시절에 한 번도 시험 준비를 미리 해본 일이 없었고, 지금까지도 원고를 마감 전에 마무리해 본 적이 없다. '조금만 더… 5분만 더…' 하다가 5분이 10분 되고, 10분이 1시간 되고, 하루가 되기 일쑤였다. 그 와중에도 단톡방 알람이 계속 울렸다.

"레위기, 다 읽었어요!"

"와, 대단하세요."

"은혜받았어요."

보다 못해 알람을 끄고 휴대전화를 뒤집어놓았다. 하지만 내 마음은 이미 꺾여 있었다. 사실 이런 적이 한두 번이 아니었다. 지난 1월 1일에도 다짐했었다.

'올해는 꼭 성경의 사람이 되어서 매일 100장씩 읽어야지! 아니다, 하루는 구약, 하루는 신약을 읽고 2일에 1독하는 목사가 될 테다!'

통독 진도를 기록할 새 노트도 장만해서 첫 장에 "성경통독 노트"라고 썼다. 스티커도 준비했다. 1독할 때마다 하나씩 붙이며 노트를 가득 채워갈 상상을 했다.

하지만 며칠 지나지 않아 스티커는 구겨졌고, 통독 노트는 책상 구석으로 밀려났다. 또다시 미루기가 시작되었다.

'오늘은 피곤하니까 내일부터 하자.'

'이번 주말에 몰아서 읽으면 되지.'

'다음 달부터는 진짜 작정하고 시작해야지….'

미루기의 늪으로 끝없이 빠져들었다.

미루기에서 벗어나기

나는 목사다. 12년째 성경통독을 가르치고 있다. 수많은 사람 앞에서 성경 읽기가 얼마나 중요한지를 말하고 또 말했다. 그런데 정작 내가 못 읽을 때가 많다. 이 모순 앞에 서면 솔직히 숨고 싶다. 사기꾼이 된 기분이 든다.

말로는 "말씀의 사람이 돼라" 하지만, 실제로는 '말씀을 미루는 사람'이니 말이다. 그러면서도 스스로 위안한다.

'이건 나만의 문제가 아닐 거야. 목사인 나도 미루는데, 다른 이들은 더 미루지 않을까?'

'괜찮아. 다음에 많이 읽으면 되지!'

'이미 20년 전에 엄~청 읽어뒀으니까, 당장은 괜찮겠지!'

하지만 나도 안다. 계속 미루다가는 영영 못 읽는다는 걸.

그러던 어느 날, 자신에게 진지하게 물었다. 더는 그냥 넘어가서는 안 될 것 같았다. 이대로 가다가는 나도, 교인들도 결국 말씀 없는 사람으로 살게 될 테니까.

'왜 나는 말씀을 못 읽는가?'

'왜 성경 앞에만 서면 멈추는가?'

'나는 성경을 정말 사랑하는가?'

'나는 하나님을 정말 사랑하는가?'

이 질문과 정면으로 마주했다. 아니, 그 앞에 무릎을 꿇었다.

나도 너도 실패담

내가 멈춰버린 자리에 비슷하게 멈춰 선 이들이 생각났다.

"목사님, 저만 이런 건 아니죠?"

교회 곳곳에서, 성경 공부 모임에서, 사역 현장에서 수없이 들어온 소리다. 그들은 하나같이 같은 말을 했다.

"목사님, 창세기는 재밌어요. 근데 레위기에서 멈춰요."

"시작은 잘해요. 근데 3일을 못 넘기겠어요."

"하… 너무 지루해요. 솔직히 무슨 말인지 모르겠어요."

"이렇게 읽어서 뭐가 달라지긴 할까요?"

특별할 것 없는 푸념 같지만, 자세히 들어보면 꽤 절절한 말이었다. 나도 그래 봤으니까 안다. 그 절망의 무게를.

한 청년이 말했다.

"목사님, 사실 올해도 시작했거든요. 그런데 창세기 5장에서 족보가 나오니까 정신이 멍해지더라고요."

그의 머쓱한 웃음에서 깊은 자괴감이 느껴졌다. 또 다른 사람은 이렇게 털어놓았다.

"이상하게 성경통독을 시작하면 죄책감이 생겨요. '읽어야 하는데' 하면서도 못 읽는 제가 싫어져서요."

그러고는 금세 눈시울이 붉어졌다.

나는 혼자가 아니었다! 성경을 읽고 싶은데 못 읽는 사람이 내 주변에 많았다. 그들이 성경 읽기를 미루는 이유는 나와 같았다. 바빠서, 정신이 없어서, 애 키우느라 시간이 없어서, 일 때문에 지쳐서, 다음 달에 여유 생기면 시작하려고….

누가 들어도 이해할 만한 이유지만, 사실 이건 핑계다. 진짜 이유는 시간이 없는 게 아니라 '성경 읽기가 우선이 아니어서'다. 정신이 없는 게 아니라 '마음이 하나님으로 가득 차 있지 않아서'다. 바쁜 와중에도 드라마는 챙겨 보고, 쉬는 날엔 OTT도 돌려가며 보니까.

심지어 이렇게 말하는 사람도 있었다.

"목사님, 레위기 읽다가 죽을 뻔했어요. 억지로 읽다 보면 '내가 왜 이러고 있지' 싶더라고요."

나는 웃었지만, 생각할수록 뼈 때리는 말이었다. 더 심각한 사람도 있었다.

"전 시작도 못 해요. 해봤자 어차피 실패할 게 뻔하니까요."

그의 무기력한 눈빛이 낯익었다. 다름 아닌 내 이야기였다. 실패할 게 두려워서 시작조차 포기하고 휴대전화를 찾았던 무수한 새벽이 떠올랐다. '언젠가 마음이 생기면, 여유가 나면, 준비가 되면…' 하고 미뤘지만, 그 '언젠가'는 한 번도 저절로 찾아오지 않았다.

성경통독을 시작도 못 하고 멈추는 것이 우리 현실이다. 교회 다니는 사람이면 누구나 성경 읽기가 중요하다는 걸 안다.

"말씀이 생명이다."

"성경 읽기는 신앙생활의 기초다."

"말씀을 모르면 넘어진다."

다 아는데, 왜 안 될까? 나는 또다시 묻는다.

'정말 바빠서 못 하고, 지루해서 포기하는 걸까, 아니면 진짜 이유가 따로 있는 걸까?'

당신도 나와 같다면, '이번엔 정말 읽어보자' 다짐하고도 미루고 있다면, 성경 앞에서 죄책감만 커진다면, 그 진짜 이유를 들여다보자.

의지만 짜낸다고 되지 않는다는 걸 나도 알고, 당신도 안다. 중요한 건, 왜 안 되는지를 넘어 어떻게 다시 시작할지를 찾는 것이다. 그리고 그 길은 생각보다 가까이에 있다.

02 성경 읽기를 가로막는 여섯 가지 장벽

그러나 너를 책망할 것이 있나니 너의 처음 사랑을 버렸느니라
그러므로 어디서 떨어졌는지를 생각하고 회개하여 처음 행위를 가지라
계 2:4,5

진짜 이유

사실 성경을 읽지 못하는 이유는 겉으로 드러나는 핑계보다 훨씬 더 깊은 곳에 있다. 표면적인 이유 뒤에 근본적인 장애물이 숨어 있다. 이 장에서는 우리가 성경 앞에서 번번이 멈추는 이유를, 가장 깊은 영적 원인부터 가장 일상적인 원인까지 차례로 살펴볼 것이다.

읽다 보면 이런 고백을 하게 될지 모른다.

'맞아, 내가 이 벽 앞에 서 있었구나.'

'이 벽을 넘어야 말씀 앞으로 나아갈 수 있겠구나.'

자, 이제 우리 영혼을 가로막고 성경을 펼치지 못하게 만드는 여섯 가지 장벽을 하나씩 살펴보자.

장벽 1. 성경 읽기를 종교적 의무로 여기는 태도

성경이 '어려워서' 못 읽는 게 아니다. 우리 손에 있는 성경은 히브리어나 헬라어가 아닌 한글로 쓰여 있다. 초등 교육만 받은 사람도 충분히 이해할 수 있다.

게다가 분량도 1,600쪽 정도로 생각보다 많지 않다. 많다고 느낀다면 학창 시절 기말고사를 떠올려 보자. 한 과목 교과서가 200쪽 안팎이고, 8-12과목까지 몰아서 공부했던 기억이 한 번쯤은 있을 것이다. 그 짧은 시간 동안 우리가 읽어낸 분량만 해도 1,600쪽이 훨씬 넘는다.

또한 성경은 '이야기 형식'으로 기록되어 있다. 어떤 논리나 원리를 전문용어로 나열한 책이 아니다. 단지 천지창조부터 세상의 종말까지를 하나의 이야기로 풀어낸, 유치원생도 이해할 수 있는 내용이다. 그리고 그 중심에는 분명한 주인공, 예수 그리스도가 계신다.

따라서 독서 능력이 떨어지거나 집중력이 부족해서 성경을 읽지 못하는 게 아니다. 성경을 읽을 시간이 없다는 말 역시 이보다 중요하게 여기는 일이 있다는 뜻이다.

그런데도 성경 읽기가 어렵게 느껴지는 이유는 뭘까? 바로 '잘못된 출발선'에서 시작하기 때문이다. 많은 사람이 성경을 '읽어야 하는 책'으로만 여긴다. 하나님이 원하시니까, 신앙인이면 당연히 읽어야 하니까 하루 몇 장씩 정해서 읽으려 한다. 그러나 해야 할 일로 여기는 순간, 성경 읽기가 부담스러워 결국 멈추게 된다.

성경은 억지로 읽어내야 하는 책이 아니다. **성경 읽기의 본질은 마음을 드려 하나님과 대화하는 것이다.** '읽기 성취'라는 성과를 향한 출발선은 방향이 잘못되었다. 올바른 성경 읽기의 첫걸음은 읽는 기술이나 속도, 분량을 정하는 게 아니라 출발선을 제대로 설정하는 데 있다.

장벽 2. 하나님과 멀어진 관계

성경을 읽지 못하는 중대한 이유는 가장 단순한 진실에 있다. 바로 하나님과 관계가 멀어졌기 때문이다. 우리는 사랑하는 사람의 편지는 끝까지 읽는다. 그 내용이 지루해도, 무슨 말인지 다 이해하지 못해도, 아무리 바빠도, 여러 번 읽고 곱씹는다. 그와 사랑의 관계 안에 있기 때문이다.

그러나 하나님과 관계가 멀어지면, 성경은 더 이상 사랑하는 사람의 편지로 다가오지 않는다. 그저 어려운 고전, 종교적 의무, 지루한 숙제로 느껴질 뿐이다.

그런 사람은 입술로는 "하나님은 내 아버지십니다. 나는 하나님을 사랑합니다"라고 고백하지만, 정작 삶에서는 그분을 밀어내며 하나님 없는 신앙생활을 한다.

주일에는 "아멘"을 외치지만, 평일에는 하나님을 생각조차 하지 않으며 그분의 말씀을 한 줄도 읽지 않는다.

하나님과 가깝지 않으면, 성경을 펼치는 게 이상하리만치 부담스럽게 느껴진다. 읽으려 하다가도 '이걸 왜 해야 하지? 굳이 지금 해야 하나?' 하는 생각이 스친다. 그러면 '다음에 읽어야지. 지금은 바빠서 안 돼. 마음이 생기면 그때 시작하자' 하며 미룰 이유를 찾거나 스스로 위안하곤 한다. 그러나 하나님과의 관계 개선 없이 그 '언젠가'는 오지 않는다.

성경은 사랑하는 하나님을 만나기 위해 펼치는 책이다. 관계가 친밀할 때는 그분의 음성이 궁금해서라도 펼치지만, 관계가 식으면 그분의 음성이 먼 나라 이야기처럼 들릴 뿐이다.

당신은 어떤가? 입술의 고백과는 달리, 하나님이 너무 멀게 느껴지지는 않는가? 성경을 읽으려는 마음이 식는 이유는 그 내용이 지루하거나 삶이 바빠서가 아니라, 그분을 향한 사랑이 식었기 때문인지 모른다. 그렇다면 하나님과 사랑의 관계를 회복하는 자리로 먼저 나아가야 한다. 처음 사랑을 회복해야 한다.

장벽 3. 변화를 두려워하는 마음

사도행전 6장에 등장하는 "자유민들"을 잠시 떠올려 보자(행 6:9). 그들은 로마 사회와 헬레니즘 문화에서 살아남아야 했던 디아스포라 유대인이었다. 그들에게 모세는 신앙의 토대였고, 율법은 삶의 보호막이었으며, 성전은 생존의 중심 처소였다.

그런데 스데반이 전한 말씀을 들었을 때, 그들의 존재가 근본부터 뒤흔들렸다.

> 그러나 지극히 높으신 이는 손으로 지은 곳에 계시지 아니하시나니 선지자가 말한 바 행 7:48

자유민들은 스데반의 말이 진실임을 부정할 수 없었다(행 6:10). 그러나 그의 말을 듣는 순간, 자신들의 정체성과 1세기 가까이 지켜온 '자유민'이라는 자부심이 무너져 내렸다.

자유민들은 자기 존재를 근본부터 뒤집는 이 말씀을 받아들일지 말지, 기로에 서 있었다. 하지만 "회개해라", "너희의를 죽여라" 명령하는 하나님의 말씀이 불편했다. 틀린 말이어서가 아니라 자신을 바꾸어야 한다는 사실이 죽기보다 싫었다. 그래서 결국 거짓 증인을 매수하여 스데반을 모함하고 죽이는 작전을 펼쳤다(행 6:11-13).

성경을 읽을 때 우리도 비슷한 경험을 한다. 성경의 핵심은 '예수 그리스도의 십자가 복음'이다. 복음은 우리 존재를 십자가에서 예수 그리스도와 함께 죽이는 하나님의 능력이다. 하나님의 말씀은 우리가 평생 쌓아온 삶의 구조를 통째로 무너뜨린다. 죄 된 옛 자아를 죽이고 새롭게 한다.

> 그런즉 누구든지 그리스도 안에 있으면 새로운 피조물이라 이전 것은 지나갔으니 보라 새것이 되었도다 **고후 5:17**

성경은 영혼 깊숙이 날아와 꽂히는 하나님의 검이다(히 4:12). 그래서 불편하다. 좋은 말만 해주는 책도, 취향껏 골라 읽어도 되는 내용도 아니기 때문이다.

성경은 읽기 시작하는 순간부터 우리를 가만히 놔두지 않는다. 영혼을 들여다보게 하고 마음에 감춰둔 죄와 욕망, 변명과 위선을 적나라하게 들춘다. 존재 근원부터 뒤집어엎으려고 달려든다. 동시에 '하나님의 의'이신 예수 그리스도와의 믿음의 연합을 요구한다(롬 6:3-5).

성경을 펼치면 피할 길이 없다. 하나님의 엄위하심에 압도된다. 그분이 내게 말씀하시는 듯한 부담이 밀려온다.

'이대로 살아도 괜찮을까? 이 부분을 고쳐야 하지 않을까?'

그러다 보면 자연스럽게 멈추고 싶어진다. 나를 바꿔야

할 것 같고, 내 욕망을 포기해야 할 것 같고, 말씀을 통해 나를 바꾸실 하나님이 두렵고, 내가 붙들고 싶은 걸 포기하게 하실까 봐 겁이 난다. 차라리 모르는 척하고 싶어진다.

그래서 '지금은 아니야. 나중에 준비되면 시작하자'라며 핑계를 댄다. 더 나아가 자유민들이 스데반을 모함했듯이 성경을 모함한다.

'성경은 사역자나 들고파야 하는 어려운 책이야. 내겐 성경을 읽을 시간도, 에너지도 없어.'

죄 된 자아 대신 하나님의 말씀을 죽인다. 그리고 휴대전화를 집어 들어 쇼츠만 한없이 본다.

성경은 불편한 책이다. 어쩌면 우리는 이 불편함을 알기에 무의식적으로 성경을 피하는지도 모른다. 하지만 피하는 순간, 말씀은 더 이상 나를 살리는 능력이 되지 않는다.

성경을 읽지 않는 또 하나의 벽은, 말씀 앞에서 '나는 괜찮아'라고 속이는 나 자신이다. '나'라는 벽을 넘어야 한다. 나를 회개하게 하시는 하나님의 손길을 두려워하지 말아야 한다. 나를 살리는 손길이기 때문이다. 말씀의 불편함을 오히려 반겨야 한다. 말씀이 불편한 건, 내가 아직 하나님 앞에 살아있다는 증거다.

장벽 4. 실패의 기억

새해가 되어 '올해 성경 1독은 꼭 해야지! 말씀의 사람으로 살아보자' 하고 다짐한 적이 있을 것이다. 하지만 그 비장한 결심은 길어야 몇 주를 넘기지 못한다. 늘 실패로 끝나고 만다. 정말 중요한 일이라면 끝없이 도전할 테지만, 대부분 몇 번의 실패에서 멈춘다. 그리고 이렇게 말한다.

"읽어도 별로 달라지는 게 없더라고요. 딱히 삶이 나아지는 것 같지 않아요."

"읽기는 했는데, 기억나는 게 하나도 없어요."

이 실패의 기억으로 성경통독에 대한 실망과 냉소가 마음 깊이 자리 잡는다. '해도 별거 없더라', '나는 원래 안 되는 사람이야'라는 부정적 정체성과 '또 해봐야 뭐가 다르겠어'라는 포기의 벽이 생긴다. 그러다 보면 성경을 읽기도 전에 서둘러 결론을 내리게 된다.

'또 실패할 테니 안 하는 게 나아.'

이런 마음이 통독을 시작조차 못 하게 만든다. 해보기도 전에 싸움에서 지는 것이다.

물론 말씀을 읽어도 아무 변화가 없는 것처럼 보일 때가 있다. 몇 장을 읽고, 며칠을 읽어도 삶이 달라지지 않는 듯 느낄 때 말이다. 이때 기억해야 할 건, 말씀이 내 안에 쌓인다는 사실이다. 우리는 매일 밥을 먹는다. 그렇다고 오늘

한 끼로 인생이 달라지진 않는다. 하지만 매일 먹어야 살 수 있다. 말씀도 그렇다. 당장 눈에 띄는 변화가 보이지 않아도 읽는 그 순간, 내 영혼 깊은 곳에 말씀이 차곡차곡 쌓인다. 오늘 읽은 말씀이 언젠가 삶의 위기 앞에서 나를 붙잡는 생명줄이 된다.

실패로 여겼던 모든 시도가 하나님 안에서는 의미 있는 발걸음이다(롬 8:28). 그러니 기억하자. 과거의 실패는 또 다른 실패를 불러오는 근거가 아니라, 다시 도전할 수 있는 발판이 된다는 것을.

말씀을 향한 첫걸음을 떼고, 매일 걸어가는 것이 얼마나 귀한 일인지 우리는 쉽게 잊는다. 실패할까 봐 시도조차 포기했다면, 그 벽을 넘길 바란다. **과거의 실패가 나를 가로막지 못하게 하자. 그 위에 오늘의 순종을 쌓아가자.** 말씀이 나를 천천히, 그러나 분명히 살리고 있음을 믿고 받아들이자.

장벽 5. 자극과 속도에 중독된 뇌

우리의 뇌와 일상은 이미 중독되어 있다. 오늘 아침, 당신이 일어나자마자 한 일이 무엇인가? 뉴스 피드나 메시지 알림을 확인하지 않았는가? 오늘 하루, 몇 번이나 휴대전화를 집어 들었는가? 우리는 틈만 나면 본능처럼 휴대전화를 만진다. 눈과 귀를 사로잡는 짧은 영상, 빠른 속도로 새로운 자극을 끊임없이 선사하는 디지털 기기에 뇌가 완전히 길들어 있다. 생각하는 것보다 스쳐보는 게 익숙하고, 천천히 의미를 찾기보다 한눈에, 단숨에, 쉽게 소비하는 데 익숙하다.

하지만 성경은 그런 방식으로는 읽히지 않는다. 빠르게 소비할 수 있는 콘텐츠가 아니다. 몇 초 안에 감동을 주는 영상도 아니고, 간편하게 요약해 볼 수 있는 피드도 아니다.

성경은 느린 책이다. 한 줄씩 곱씹고 따라가며 기다려야 하는 책이다. 하지만 우리 뇌는 그런 느림을 견딜 수 없게 변해버렸다.

성경을 펼치려는 순간, 뇌가 본능적으로 속삭인다.

'더 재미있는 걸 찾아, 더 쉬운 걸 봐, 더 빠른 걸 해!'

결국, 그 소리에 이끌려 다시 휴대전화를 들고 편리한 자극제를 찾는다. 성경 읽기를 미룬다. 그러고는 자책한다. 그러면서 왜 안 읽히는지 도무지 이유를 모르겠다고 말한다.

막상 유혹을 떨치고 성경을 펼쳐도 마찬가지다. 금세 마음이 산만해지고, 몇 줄 읽지도 않았는데 집중이 흐트러진다. 성경을 읽는 게 답답하고 지루하게 느껴진다. 우리가 말씀보다 자극에 더 익숙한 사람이 되어버렸기 때문이다. 하나님 앞에 머무는 것보다 쇼츠를 넘기는 게 더 재밌고, 묵상하는 것보다 피드를 내리는 게 더 쉽다. 성경 읽기보다 재미와 자극을 주는 콘텐츠가 훨씬 끌린다. 이는 이 시대에 사단이 세워놓은 가장 교묘하고도 강력한 영적 장벽이다.

이 벽을 넘어서는 방법은 단순하다. **속도를 멈추고, 자극을 차단하는 것이다. 느림을 회복하고, 하나님 앞에 잠잠히 머무는 연습부터 시작하는 것이다.**

한 장을 못 읽겠다면 한 절부터 읽어보자. 문장 하나, 단어 하나라도 붙드는 훈련을 해보자. 가능한 한 느리게, 한 절씩 읽고, 곰곰이 생각하고, 글로 옮겨 적어보자. 자극의 속도를 늦추고 다시 말씀의 리듬으로 돌아가는 것이 이 벽을 넘는, 작지만 확실한 첫걸음이다.

장벽 6. 무너진 습관

성경을 읽지 못하는 가장 표면적인 이유는 '안 읽어서'다. 하도 안 읽다 보니 어떻게 읽는지조차 잊어버리고, 읽는 습관마저 사라진 것이다. 마치 쓸모없어진 배터리처럼 말이다.

나는 7년째 같은 휴대전화를 쓰고 있다. 그동안 불편함을 느끼지 못했는데 최근에 자꾸 방전되면서 불편해졌다. 오래 써서 배터리가 성능을 잃은 것이다. 이제는 종일 충전기를 들고 다니며 계속 전원에 연결해야 겨우 쓸 수 있게 되었다. 마찬가지로 성경을 읽지 않으면 성경 읽기 습관도 방전된다. 그러면 오래된 휴대전화처럼 우리 영혼도 약해진다.

습관은 위대하다. 예수님도 거룩한 습관의 모범을 보이셨다(눅 22:39). 좋은 습관은 삶을 건강하게 세우고, 나쁜 습관은 인생의 성장을 저해한다.

사실 대부분은 성경을 읽고 싶지 않아서 안 읽는 게 아니라 습관이 없어서 못 읽는 거다. 언제, 어디서, 어떻게 읽을지 정해놓은 자리가 없으면 하루가 금방 지나간다. 바쁘게 지내다 보면 '지금은 안 되겠다, 나중에 읽어야지'라고 생각만 하고, 내일로 미루게 된다. 하지만 다음 날도 똑같이 살아간다.

그럼 어떻게 해야 할까? 성경 읽기를 특별한 결단이 설 때나 큰 은혜를 받았을 때만 하려고 하면, 절대 삶에 자리 잡지 못한다. 습관이 되지 않으면, 그 마음은 언제든 무너질 수 있기 때문이다. 그런데 우리는 실패할 때마다 '난 역시 안 되나 봐. 왜 이렇게 꾸준하지 못할까' 하고 자책한다. 그러면서 더 미루고 포기한다.

하지만 습관은 작게, 꾸준히 만들어 가는 것이다. 시작부터 거창해서는 안 된다. 처음부터 1시간씩 읽으려 하거나 성경 전체를 목표로 삼지 말자. 하루에 단 한 절 읽어도 충분하다. 중요한 건, 그 한 절을 내일도 읽고 모레도 읽는 거다. 습관이 무너지는 이유는 이래도 되나 싶을 정도로 목표를 작게 설정하고 시작하지 않았기 때문이다. 하루 20장씩 읽어야 한다는 부담을 내려놓고, 5장, 아니 한 절이라도 읽겠다고 다짐하는 것이 무너진 습관을 세우는 첫걸음이다.

또한 정해진 자리를 만들자. 언제, 어디서, 얼마나 읽을지를 미리 정하지 않으면 또 미루게 된다. **습관은 순간의 감동이 아닌 꾸준한 행동이다.** 지금 당신의 일상에 성경 읽을 자리를 마련했는가? 없다면 만들자. 오늘이 그 시작이 될 수 있다.

▶ 성경 읽기를 가로막는 여섯 가지 장벽

장벽 1. 성경 읽기를 (   ) 여기는 태도

장벽 2. 하나님과 (   ) 관계

장벽 3. (   )를 두려워하는 마음

장벽 4. (   )의 기억

장벽 5. 자극과 속도에 (   ) 뇌

장벽 6. 무너진 (   )

03 장벽 너머에는 무엇이 있는가?

말씀은 책장 속 죽어 있는 문자가 아니다.
공동체의 한복판에서 지금도 하나님이 말씀하신다.
디트리히 본회퍼

벽 너머의 이야기

성경을 읽지 못하는 이유를 찾는 건 그리 어렵지 않다. 우리는 다 안다. 그저 외면해 왔을 뿐이다. 앞서 성경 읽기를 방해하는 장벽들을 하나씩 살펴보며 이런 생각이 들었다.

'그 벽을 넘어가면 뭐가 있을까? 성경을 끝까지 읽는다는 건 어떤 의미일까? 왜 하나님은 우리에게 성경책을 주시고, 읽으라고 초대하시는 걸까? 설마 성경 1독 인증 같은 걸 하라시는 걸까, 아니면 그저 성취감을 맛보게 하시려는 걸까?'

아니, 그럴 리가 없다. 그렇다면 성경 읽기의 도착 지점에는 무엇이 있을까?

이제 우리는 '왜 성경 읽기를 다시 시작해야 하는지, 왜 끝까지 읽어야 하는지, 거기서 무엇을 만나게 될지'를 물어야 한다. '왜 나는 멈췄을까?'라는 물음에서 '그 벽 너머엔 뭐가 기다리고 있을까?'라는 기대와 호기심으로 나아가야 한다.

지금부터, 그 벽 너머의 이야기를 해보려 한다.

아버지와 나눈 국밥 한 그릇

36년 전, 6년간 해외 노동자로 일하러 갔던 아버지가 마침내 집에 돌아오셨다. 아버지는 내게 지방 출장을 함께 가자고 하셨다. 나는 어린 마음에 아버지와 단둘이 신나는 모험을 떠난다는 게 얼마나 설레던지 밤잠도 설쳤다.

그 여행에서 가장 기억에 남는 건, 아버지와 함께한 저녁 식사였다. 우리는 일정을 마치고 어느 시골 동네의 오래된 국밥집에 갔다. 아버지는 허름한 나무 탁자 맞은편에 앉은 내게 밥을 많이 먹어야 한다며 공깃밥을 두 그릇이나 시켜주셨다.

그날 아버지는 평소보다 천천히 식사하셨다. 그러면서 내 생각을 묻고, 내 대답을 기다리고, 내 말을 귀담아들으며, 나를 진지하게 대해주셨다. 나는 처음으로 아버지와 친구처럼 대화를 나누었다. 무엇보다 아버지의 속마음을 깊이 들여다보았다.

'아버지가 이런 생각을 하셨구나. 아버지 마음은 이랬구나.'

돌이켜보면, 내 인생에서 가장 특별한 대화였다.

놀랍게도, 우리가 성경을 읽을 때 이와 같은 일이 펼쳐진다. 하늘 아버지께서 성경을 주신 것도, 우리와 대화하시기 위함이다. 말씀을 읽는 시간은 하늘 아버지와 마주 앉아 대화하는 시간이다. 하나님은 성경을 통해 우리에게 말씀하신다. 따라서 성경 말씀은 '지금 이 순간 나를 향한 하늘 아버지의 음성'이다.

사람들은 성경을 좋은 책이라고 말한다. 그러나 그 '좋은 책'을 실제로 읽는 이는 적다. 기네스 세계 기록은 성경을 '인류 역사상 가장 많이 팔린 책'으로 공식 등재했다. 이처럼 성경은 여전히 가장 많이 팔리는 책이지만, 동시에 가장 많이 버려지는 책이기도 하다.

세계성서공회연합회에 따르면, 매년 수억 부의 성경이 인쇄되어 세계 곳곳으로 배포되고 있다고 한다. 또한 3,500여 언어로 번역된 만큼 역본 수도 가장 많고, 누적 발행 부수도 50억 부를 훌쩍 넘는 것으로 추정한다.

성경은 그야말로 지구를 뒤덮은 책이다. 그런데 놀랍게도, 이 책을 소장한 사람 중 끝까지 읽은 사람은 많지 않다. 책장에 꽂혀 있지만, 먼지 쌓인 유물처럼 방치되어 있다. 어쩌면 당신의 성경책도 예외가 아닐지 모른다.

성경은 종이에 갇힌 과거의 기록이 아니다. 지금 우리를 찾아오시는 하나님의 음성이다. 살아 움직이는 그분의 숨결이다.

하나님의 말씀은 살아있고 활력이 있어 히 4:12

성경을 펼치는 순간, 우리는 2,000년 전 갈릴리 바닷가에서 들리던 음성이 '지금 여기서' 나를 부르며 살아 숨 쉬고 있음을 느낄 수 있다.

성경은 말씀이 우리 가운데 거하심을 보여준다(요 1:14). 하나님의 말씀은 예수 그리스도를 통해 믿는 자 안에, 우리의 일상 한복판에 여전히 거하신다(골 3:16).

성경은 단순히 과거에 있었던 일을 기록한 역사책이 아니다. 지금 우리와 함께 살아계신 그리스도를 계시하는 책이다. 하나님의 말씀은 죽은 문자가 아니다. 우리를 향해 일하시는 산 문자다. 이는 존 스토트의 말대로다.

"성경책을 펼치는 순간, 우리는 하나님의 음성을 직접 듣는 자리에 서게 된다."

유진 피터슨도 말했다.

"하나님은 성경을 통해 단순히 정보를 전달하시려는 것이 아니라, 우리를 그 말씀 속으로 끌어들이셔서 당신의 인격과 대면하게 하신다."

이것이야말로 성경 읽기의 목적이다. 정보를 얻거나 좋은 글귀를 찾거나 신학적 지식을 쌓기 위해 읽는 게 아니다. **성경은 하나님이 우리를, 지금, 만나려고 주신 말씀이다. 우리를 살리시려는 하늘 아버지의 간곡한 음성이다.**

말씀 먹으러 가자

말씀은 곧 하나님이시다(요 1:1). 성경은 생명의 양식이다(신 8:3, 마 4:4). 성경을 펼치면, 말씀이신 하나님과 대화할 수 있다. 창조주 하나님의 속마음을 알고, 하늘 아버지의 무한한 사랑을 깨닫고, 전능자의 뜻을 물으며, 여호와의 음성에 귀 기울이는 인격적 교제가 시작된다.

이처럼 성경을 읽는다는 건, 숨 막힐 듯 두렵고 거룩한 행위다. 무려 창조주 하나님의 마음을 마주하는 일이며, 하늘의 숨결을 느끼고, 하늘 아버지와 대화하는 식탁에 앉는 시간이니 말이다.

혹시 지금까지 성경 읽기를 '해야 하는 일, 달성해야 하는 목표'로 여겨왔다면, 그 생각을 내려놓자. 마음의 문을 열고, 영혼을 에워싼 자아의 옷을 벗고, 진정한 아버지이신 하나님과 마주하자.

▸ 지금까지 내게 성경 읽기는,

______________________________였다.

▸ 앞으로 내게 성경 읽기는,

__________________________가 될 것이다.

04 성경통독이란 무엇인가?

하나님의 구속 역사는 성경 전체에 걸쳐 드러나며,
이를 통해 우리는 하나님의 뜻을 이해하게 된다.
성 이레네우스

살아서 움직이는 말씀

통독은 '전체를 읽는' 것이다. 성경 66권을 한 흐름, 하나의 이야기로 꿰어 단번에 읽어내는 일이다.

또한 '반복 읽기'다. 책마다 내용을 알면 성경 전체의 맥락이 보인다(중간에 멈추면 보이다 만다). 이때 반복해서 읽을수록 그 맥락이 점점 선명하게 보인다. 성경이 보여주려 하는 유일한 존재, 예수 그리스도가 어떤 분이신지 또렷이 보이기 시작한다.

그뿐 아니라 성경의 전체 맥락을 알고 주인공을 바라봐야 각각의 이야기가 하나의 주제로 꿰어진다. '인간이 창조주를 떠났다', '하나님이 아브라함을 부르셨다', '요셉은 기다렸다', '다윗은 연약했다', '예수님은 십자가를 지셨다' 등 흩어져 있던 조각들이 반복 읽기를 통해 서로 관계를 맺는다. 살아 움직이듯 마음속에서 엮이고, 내게 질문을 건넨다.

그럴 때면 성경은 정보가 아닌 감정처럼 다가온다. 집채만 한 파도 같기도 하고, 내게 숨을 불어넣으시는 창조주의 호흡처럼 느껴진다. 살아서 움직이는 말씀이 된다.

성경은 마치 계절처럼 시시때때로 다르게 다가와 나를 하늘의 사람으로 변화시킨다. 천국 문 앞에 세우고, 참과 거짓을 분별하게 하며, 천국의 상속자 자격을 확신시켜 준다.

신기하게도, 성경 속 문장들은 마치 벽에 잘 박힌 대못처럼 내 마음에 '탕' 하고 박힌다. 그래서 마음 깊은 곳이 아프기도 하고, 안 아프던 곳에 고통을 느끼기도 한다. 물론 때로는 성경 말씀이 벚꽃에 내려앉는 봄볕처럼 따뜻하기도 하고, 삼복더위 계곡물처럼 시원하기도 하다.

성경을 통독하다 보면 말씀과 대화하게 된다. 독자로서 말씀과 관계를 맺기에 그 저자이신 성령 하나님과 속살거리게 된다. 흔히 친구를 보면 그 사람을 알 수 있다고 하는데, 통독하는 사람에겐 성령님이 친구시다.

그러다 보니 통독 전후로 사람이 바뀐다. 기도 역시 다른 차원으로 나아가게 된다. 이처럼 성경을 통째로 반복해서 읽을 때, 하나님이 반복적으로 말씀하시고, 우리를 지속적으로 다듬으신다.

읽고, 더 읽고, 끝까지 읽기

'반복'은 성경통독의 핵심이다. 신명기를 보면 "기억하라", "잊지 말라"라는 구절이 끊이지 않는다. 신명기를 인용하셨던 예수님도 "진실로 진실로"라며 제자들이 깨달을 때까지 말씀을 반복하셨다. **하나님은 십자가의 사랑이 죄인의 심령을 뚫고 들어갈 때까지 반복해서 말씀하신다. 우리는 그 속에서 자라난다.**

아기가 어떤 단어를 말하기까지 그 단어를 수만 번 들어야 하듯, 성경도 반복해서 읽어야 말씀이 입에서 나온다. 성경 전체를 읽고, 읽고, 또 읽어야 한다. 그럴 때 성경 말씀이 우리 안에 살아 움직이며 가득 채워진다.

새해가 되면, 많은 크리스천이 성경통독을 시작한다. 그러나 1독했다고 멈추면 안 된다. 완독은 졸업이 아닌 입학이다. 처음 1독은 성경의 숲에 들어선 것이고, 그다음 1독은 숲속을 거닐기 시작하는 것과 같다.

독자는 숲을 걸으며 성경에 질문하기 시작한다.

'이때 하나님은 왜 이렇게 하셨을까?'

'이 말씀이 예수님과 무슨 관계가 있지?'

'하나님은 어떤 마음이셨을까?'

이에 성경은 말씀에서 답을 준다. 독자의 질문이 깊어질수록 통독 여정은 무르익으며 믿음도 자라난다. 그 가운데 성경은 독자를 말씀대로 빚어간다. 그런 의미에서 통독은 독자가 말씀을 읽는 게 아니라, 말씀에 '동화'되는 과정이라고 할 수 있다.

성경통독은 반복 읽기가 답이다. 반복할 때 하나님의 음성이 들리며, 이를 통해 당신 안에 성경이 살아날 것이다.

실천 과제

❶ 성경통독을 시작하자

말씀은 살아계신 하나님의 음성이다. 성경통독은 그분과의 인격적인 만남을 위한 자리다. 하나님과 동행하는 통독 여정을 오늘부터 시작하길 권한다.

❷ 암송 요절

예수께서 대답하여 이르시되
기록되었으되 사람이 떡으로만 살 것이 아니요
하나님의 입으로부터 나오는 모든 말씀으로 살 것이라
하였느니라 하시니 마 4:4

❸ 함께 신앙생활을 하는 사람들에게 말해보자

"성경을 읽으며 '예수님은 누구신가'를 질문해 봅시다. 성경은 처음부터 끝까지 예수 그리스도를 증언하는 책입니다. 예수님이 그리스도이심과 그분을 만난 기쁨을 주변에 전하고, 말씀을 가르쳐 지키게 합시다."

05 성경통독을 왜 해야 할까?

시몬 베드로가 대답하되 주여 영생의 말씀이 주께 있사오니
우리가 누구에게로 가오리이까
요 6:68

신발을 벗고 들어가야 하는 이유

유학 시절, 큰딸의 백일을 맞아 조촐한 잔치를 열었다. 아내와 나는 함께 공부하던 학생, 교회 친구, 이웃에게 초대장을 보냈다. 그리고 당일엔 집 문 앞에 "신발을 벗고 들어와 주세요"라는 문구를 적어두었다.

미국은 집 안에서도 신발을 신는 문화여서 이런 요구가 불편할 수 있었다. 그런데도 모든 손님이 기꺼이 신발을 벗고 들어왔다. 두 발을 바닥에 붙이고, 다리를 조심스레 모으고, 어색해하면서도 반나절을 기쁨으로 함께했다. 그들은 호스트의 요청을 받아들여 손님으로서 예를 다했다.

성경은 하나님이 차려주신 잔칫상이다. 우리를 초대하신

그분의 집이다. 그런데 문 앞에 안내문이 붙어 있다.

"성경을 통독하라."

다 읽으라는 요청이다. 성경을 단편적으로 인용하거나 부분 발췌하지 말고, 창세기부터 요한계시록까지 통으로 읽으라는 요구다. 하나님은 성경이 그렇게 읽히기를 원하신다.

성경통독은 우리의 선택 이전에 하나님의 요청이다. 그분의 파티에 들어가려면 내 문화, 경험, 기준을 내려놓고 그 요청에 따라야 한다. 성경은 "읽기 힘들지요"라며 우리를 타이르지 않는다. 대신 "너희에게 분부한 모든 것을 가르쳐 지키게 하라"라고 명령한다(마 28:20).

그렇다면 왜 '성경통독'이라는 방식으로 성경을 읽어야 할까? 크게 다섯 가지 이유가 있다.

이유 1. 성경이 요구하니까

첫 번째 이유는 간단하고 분명하다. 성경이 '통독적 접근'을 요구하기 때문이다. 이것은 선택 사항이나 권면이 아니다. 하나님의 말씀을 하나님의 말씀답게 다루기 위한 방식이다.

부활하신 예수님이 제자들에게 가장 먼저 하신 일이 무엇이었는가? 바로 엠마오로 가는 두 제자에게 나타나셔서 그들의 눈을 열어 성경을 깨닫게 하셨다. 이때 "모세의 율법과 선지자의 글과 시편에 나를 가리켜 기록된 모든 것이 이루어져야 하리라"라고 말씀하셨다(눅 24:44). 여기에는 성경 전체가 예수님을 증언하고 있다는 확고한 선언이 담겨 있다.

예수님은 단 몇 구절만 인용하지 않으셨다. 율법서, 선지서, 시가서를 포괄하는 히브리 성경 전체 구조를 따라 말씀하셨다. 제자들에게 성경을 다시 풀어주시면서 '전체 이야기'를 보게 하셨다. 통전적(統全的, 통합과 전체라는 뜻의 한자어가 합쳐진 표현으로, 부분이 아니라 전체를 보는 관점) 시각을 심어주신 것이다. 이것이 부활 이후 가장 먼저 하신 일이었다. 이 사실은 오늘날 우리에게도 성경 읽는 방식에 관한 분명한 메시지를 준다.

사도들은 예수님의 이 방식을 따라 가르쳤다. 사도행전 2장에서 베드로는 요엘서와 시편을 인용하여 성령 강림과 예수님의 죽음과 부활을 설명했다. 그는 성경 전체의 흐름 안에서 예수님의 구속 사건을 조명했다. 마찬가지로 다른 사도들도 구약성경의 전체 맥락 안에서 설교했다.

사도 리더십뿐 아니라 모든 교회가 성경통독 방식을 따랐다. 평신도였던 스데반도 성경통독의 관점으로 복음을 선포했다. 그는 아브라함부터 시작해 요셉, 모세, 다윗에 이르기까지 이스라엘 역사를 종합적으로 설명하며 예수 그리스도의 오심을 설파했다(행 7:1-53). 성경을 통으로 이해하지 않고는 할 수 없는 설교였다.

성경통독은 '초대 교회의 정체성'과도 연결된다. 마태복음 28장 20절에서 예수님은 제자들에게 일부가 아닌 "모든 것"을 "가르쳐 지키게 하라"라고 명령하셨다. 이로써 교회의 사명은 '모든 것을 가르쳐 지키게 하는 것'이 되었다.

예수님이 보혜사 성령님의 역할을 알려주실 때도 마찬가지였다. 성경의 원 저자이신 성령님 역시 말씀의 일부가 아닌 "모든 것"을 가르치고 생각나게 하시는 분이었다(요 14:26).

그래서 교회는 성경 일부만 가르치지 않는다. 하나님의 말씀 '전체'를 가르쳐 지키게 하는 '성경통독 공동체'다.

이유 2. 교회가 성경의 터 위에 세워졌으니까

성경통독은 여러 훈련 프로그램 중 하나가 아니다. 교회의 정체성을 지키는 길이며, 예수님과 사도들과 성도들이 실천했던 본래 방식이다.

성경은 독자에게 통으로 읽기를 요구한다. 이것이 말씀의 흐름이고, 구속사(하나님의 구원의 역사)의 구조이며, 교회의 근간이다. 우리가 성경통독의 길로 나아가야 하는 건, 어떤 유익을 얻기 위함뿐 아니라 본래 그래야 하기 때문이다. 교회는 무엇으로 존재하는가? 교회의 본질은 건물이나 프로그램, 성도 수나 조직력에 있지 않다. 교회는 오직 말씀 위에 세워진 공동체다[고전 1:5("모든 언변과 모든 지식"이란 성경 전체를 가지고 예수가 그리스도이심을 전파했던 초대교회를 나타내는 표현), 엡 2:20]. 이 진리를 받아들이면, 다음 질문이 따라온다.

"그렇다면 교회는 말씀을 어떻게 다루어야 하는가?"

정답은 '전체로'다. 성경을 전체로 읽지 않는 교회는 기초 없이 세운 건물과도 같다. 어느 정도 버틸 수는 있어도 영속할 수 없다. 결국 무너진다. 말씀 위에 세워진 교회는 성경의 몇 부분만 인용하지 않는다. 성경 전체의 흐름과 맥락, 구조와 중심 메시지가 교회의 존재를 이룬다.

성경 일부만 반복해서 다루는 것도 말씀 위에 세워진 교회의 모습이 아니다. 이것은 마치 장님들이 코끼리를 부분적으로만 만지는 것과 같다. 그런 의미에서 성경은 조직신학적으로 분류된 신앙 주제들의 나열이 아니다. 코끼리를 알려면 코끼리 전체를 봐야 하듯, 성경을 알려면 성경 전체를 봐야 한다. 교회는 성경의 전체 메시지를 전할 의무와 책임이 있다.

이 일을 가능케 하시는 분은 오직 성령님이시다. 그분이 말씀 전체를 조명해 주신다(요 14:26). 그럴 때 성경 전체의 핵심인 '예수=그리스도'라는 진리가 각 부분에서도 읽히며, 이 진리는 삶의 수많은 문제와 고통에서 벗어나는 해결책이 된다. 그래서 사도들과 초대 교회들은 이 진리를 전하는 일에 주력했다.

> 그들이 날마다 성전에 있든지 집에 있든지 **예수는 그리스도라고** 가르치기와 전도하기를 그치지 아니하니라 행 5:42

성경 전체를 관통해서 읽을 때, 우리는 성령님의 도우심으로, 예수님이 그리스도이심을 체득하게 된다. 성령님의 조명 없이는 성경 전체를 제대로 이해할 수 없다. 전체 그림이 없으면, 각 퍼즐 조각의 의미도 사라진다. 오직 성령님을 의지할 때만 우리는 하나님의 말씀을 듣고, 성경의 통전적 깊이와 폭을 경험할 수 있다.

오늘날 많은 교회가 위기를 말한다. 교인 수가 줄고, 세상으로부터 신뢰를 잃었다며 안타까워한다. 그러나 진짜 위기는 성경을 부분적으로 다루는 데 있다. 전체를 읽지 않고, 가르치지 않고, 설교하지 않을 때, 교회는 정체성을 잃고 만다.

교회가 하나님의 말씀을 전체로 품을 때만 본래 자리를

회복할 수 있다. 성경통독은 그 회복의 첫걸음이며, 교회를 교회답게 세우는 기초 작업이다.

이유 3. 성경은 1권의 책이니까

성경은 66권이다. 그러나 서로 다른 책이 아니다. 마치 서로를 향해 열린 창문과도 같다. 하나님의 구속사는 창세기부터 요한계시록에 이르기까지 여러 시대와 인물과 장소를 지나지만, 그 안에는 하나의 이야기가 흐른다. 하나님의 창조, 인간의 타락, 하나님의 추적, 예수님의 구속 그리고 완성될 하나님나라의 이야기다.

이 전체 이야기를 모르면 성경을 오해하게 된다. 종종 사람들은 성경을 사전이나 응급처치함처럼 사용한다. 위로받고 싶을 때, 마음이 힘들 때, 삶의 문제 앞에서… 1구절씩 뽑아다 쓴다. 램프의 요정 지니를 부르듯, 연말연시에 운세를 점치듯 몇 구절을 골라 묵상하고 암송하기도 한다.

때로는 성경 전체 맥락과 상관없는 적용점을 가지고 자기 계발서처럼 활용하기도 한다. 이렇게 성경을 읽는 것은 분명 편리하다. 하지만 이는 성경을 겉핥기식으로만 대하는 방식이며, 자주 본래의 의미를 왜곡하게 만든다.

성경은 하나님의 말씀이며 전체가 하나로 연결된 입체적인 이야기다. 따라서 단편적이거나 파편적으로 읽혀서는 안 될뿐더러, 그 흐름을 모른 채 일부만 떼어내는 것은 마치 영화의 몇 장면만 보고 결말을 예상하는 것처럼 미련한 일이다.

이순신 장군의 위인전을 중간까지 읽고 왜 유관순 열사의 이야기는 없냐고 묻는 건 엉뚱한 질문이다. 또 백설공주 이야기에서 장면마다 '가장 예쁜 사람'이 바뀌는 걸 보고 모순된다고 느낀다면, 그는 전체 이야기를 아직 읽지 않은 것이다.

성경도 마찬가지다. 익숙한 구절, 자주 암송하는 말씀이라도 전체 안에서 해당 맥락을 이해하지 않으면 그 깊이를 놓칠 수밖에 없다. 하나님의 말씀은 속담집처럼 낱개의 문장으로 이루어져 있지 않은, 하나의 이야기다. 그러므로 전체를 알아야 부분이 이해된다. 이는 하나님께서 의도하신 전달 방식이다. 성경을 읽는다는 건, 전체 흐름 안에서 내 자리를 발견하는 일이다.

우리는 성경통독을 통해 하나님의 서사 안으로 들어간다. 그 속에서 하나님이 어떻게 말씀하시고, 어떤 방식으로 일하시며, 어떻게 역사를 이끌어가시는지를 발견한다. 또한 내가 누구인지, 어디로 가야 하는지를 깨닫는다.

이유 4. 전체를 봐야 부분이 보이니까

숲을 봐야 나무가 보인다. 전체를 보고 나서야 나무 하나 하나의 의미가 드러난다. 성경도 그렇다. 통독하지 않으면, 그 안에 있는 한 구절조차 정확히 이해할 수 없다.

많은 사람이 "성경을 많이 읽었는데, 잘 모르겠다"라고 말한다. 이는 통독하지 않아서 그렇다. 단편적인 묵상이나 부분 암송만으로는 그 말씀의 참된 뜻을 이해할 수 없다. 퍼즐 조각만 들여다보며 전체 그림을 맞추려 한들 혼란스럽고 무의미할 뿐이다.

성경통독은 완성된 그림을 보는 작업이다. 따라서 우리는 통독을 통해 하나님께서 역사 속에 흩어놓으신 구속사의 퍼즐을 하나하나 맞춰가야 한다. 그러지 않으면, 각 조각이 그림의 어느 부분인지 판단할 수 없을 것이다.

하나님의 말씀, 곧 성경은 예수 그리스도를 중심으로 통전적으로 연결되어 있다. 구약은 그리스도를 예표하고, 신약은 그리스도를 증거한다.

또한 성경 각 권과 인물별 이야기는 내용과 구조가 서로 맞물려 있다. 창세기의 창조는 요한계시록의 새 창조와 연결되고, 출애굽기는 복음의 구원 개념과 연결되며, 시편은 복음서에 나타나는 예수님의 삶과 고난을 예언하는 식이다.

예를 들어 요셉 이야기는 '가정 회복'이나 '꿈의 성취'로 읽힐 수도 있다. 하지만 성경 전체의 그림 안에서 보면, 요셉은 하나님의 백성을 구원하고 언약을 보존하기 위한 하나님의 섭리 속 도구이자 오실 메시아의 모형임을 깨닫게 된다.

출애굽 이야기, 욥의 고난, 사사와 왕의 실패담도 마찬가지다. 우상숭배로 더럽혀진 하나님의 성전에서도, 포로로 잡혀간 바벨론 땅에서 보인 믿음의 모습에서도, 선지자들의 삶의 방식에서도, 전부 오실 메시아의 형상이 드러난다. 이처럼 성경을 전체로 읽을 때, 각 책에 담긴 의미가 확장된다.

더 나아가 성경을 통독하면 개인의 삶도 통전적으로 해석되기 시작한다. 성경 읽기는 단순히 몇 가지 교훈을 얻기 위한 노력이 아니다. 이는 하나님과 관계 맺는 일이며, 공동체와 세상 속에서 자신의 부르심을 발견하는 일이다. 그야말로 그리스도를 만나는 거룩하고도 엄숙한 과정이며, 삶의 모든 영역이 하나님의 말씀에 사로잡혀 변화되는 작업이다.

이유 5. 성경통독이 제자훈련 방법이니까

성경은 살아계신 하나님의 말씀이기에 사람을 변화시키는 능력이 있다. 이 말씀은 우리로 예수 그리스도를 따르게 만들고, 우리를 그분의 제자로 빚어간다. 제자훈련의 다른 교과서는 없다. 성경통독이야말로 제자훈련의 핵심이다.

이 모범을 예수님과 사도들과 초대 교회에서 볼 수 있다. 부활하신 예수님은 제자들과 40일간 함께하시며 성경을 가르치셨다. 이는 공생애 3년의 제자훈련 핵심을 반복하는 집중 코스였다(눅 24:44-48). 예수님은 성경의 '부분들의 중심'이 아닌 '전체의 중심'을 가르치셨다. 전체 맥락에서 진리를 보여주셨다.

예수님의 제자라면, 그분이 가르치신 방식으로 성경을 읽어야 한다. 성경 66권을 1권으로 보며, 그 안에 흐르는 하나님의 구속사를 따라가야 한다.

실천 과제

❶ 성경통독을 시작하자

성경을 읽지 않으면 하나님이 누구신지, 내가 누구인지를 알 수 없다. 말씀 없는 신앙은 흔들리기 마련이다. 성경을 통독함으로 하나님의 뜻과 내 삶을 연결해 보자.

❷ 암송 요절

주의 말씀은 내 발에 등이요 내 길에 빛이니이다 시 119:105

❸ 성경을 왜 읽어야 하는지 모르는 이들에게 전하자

"예수님이 누구신지를 알면, 인생의 진정한 목적과 방향을 발견할 뿐 아니라 생명력 있는 삶을 살게 됩니다. 예수님을 알기 위해, 믿음으로 살기 위해, 구원의 길로 가기 위해 성경통독은 필수입니다. 예수님이 길과 진리, 생명이시라는 사실을 성경통독으로 확인해 봅시다."

06 성경통독을 어떻게 해야 할까?

모세를 믿었더라면 또 나를 믿었으리니
이는 그가 내게 대하여 기록하였음이라
요 5:46

예수님의 제자도임을 기억하며 읽기

예수님의 제자도를 보라. 그것은 말씀을 함께 나누며 함께 지내는 삶 가운데 이루어졌다.

우리의 사명은 예수님을 모르는 이들을 제자 삼아 그분이 분부하신 모든 것을 가르쳐 지키게 하는 것이다. 이 일은 성경 지식 전수로 끝나지 않는다. 예수님처럼 동행하며 성경 전체의 이야기를 따라 어떻게 살아가는지를 보여주어야 한다. 그러기 위해서는 먼저 자신이 성경 전체를 품어야 한다. 말씀이 생각과 행동을 빚어야 하고, 성경의 흐름이 일상에 스며들어야 한다.

예수님은 모세의 율법과 선지자의 글과 시편을 넘나들

며 제자들에게 구속사의 흐름을 보여주셨다. 그 말씀 안에서 자신이 누구인지 드러내셨다(눅 24:44). 따라서 성경을 읽고, 가르치고, 삶으로 동행하는 이 삼중 구조가 제자도의 뼈대다.

이 방식은 오늘날 교회와 성도에게도 유효하다. 우리가 성경을 전체적으로 읽지 않으면, 제자도는 지식에 머물고 만다. 그러나 통독하며 하나님의 이야기 속에 잠기면, 예수님의 방식대로 살아가는 제자가 될 수 있다.

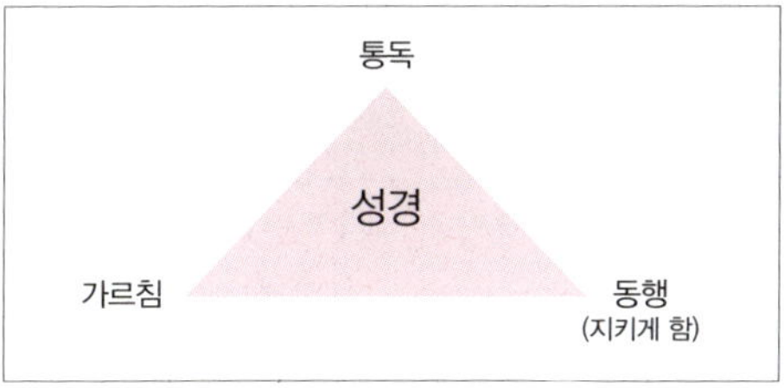

성경통독 관점으로 읽기

부활하신 예수님이 제자들을 찾아가셨다. 특히 누가복음 24장을 보면, 예수님은 두려움과 의심 속에 있던 제자들에게 나타나셔서 먼저 그들의 평안을 선포하셨다. 그들을 꾸짖거나 질책하지 않고, 오히려 성경을 열어 설명하셨다.

앞서 살펴봤던 요절을 떠올려보자.

모세의 율법과 선지자의 글과 시편에 나를 가리켜 기록된 모든 것이 이루어져야 하리라 눅 24:44

이 말씀에 성경통독의 관점이 잘 담겨 있다. 핵심은 세 가지다. 첫째는 성경 전체를 읽는 것이고, 둘째는 예수님이 누구신지를 질문하는 것이며, 셋째는 그분을 믿는 것이다.

1. 범위: 성경 전체 읽기

예수님은 "모세의 율법과 선지자의 글과 시편"이라고 하셨다. 이는 한마디로, 성경 전체를 뜻한다. 부활하신 예수님은 먼저 자신에 관한 모든 예언이 성경에 이미 기록되었음을 상기시키셨다. 제자들은 현실에 일어난 사건을 해석하지 못하고 있었지만, 그 해석의 열쇠는 다름 아닌 성경 전체에 있었다. 이에 예수님이 그 열쇠를 쥐고 성경의 문맥을 풀어주시며, 성경 안에서 제자들의 이해를 도우셨다.

성경은 반드시 전체를 읽어야 한다. 신구약 66권 전부를 읽음으로써 전체 흐름을 마음에 지녀야 한다.

2. 관점: 예수님이 누구신지 질문하며 읽기

두 제자가 엠마오로 내려가고 있었다. 그들은 부활하신 예수님과 동행하면서도 그분이 예수님이심을 알아채지 못했다(눅 24:13-16). 결정적 전환은 그다음에 일어났다. 예수님은 그들의 마음을 열어 성경을 깨닫게 하셨고, 구속사의 큰 흐름 안에서 자신이 누구인지, 무엇을 위해 고난받고 죽으셨는지를 설명해 주셨다. 이때 성경은 예수님의 성경통독 관점을 다음과 같이 보여준다.

> 이에 모세와 모든 선지자의 글로 시작하여 모든 성경에 쓴 바 **자기에 관한 것**을 자세히 설명하시니라 눅 24:27

부활하신 예수님은 제자들에게 성경 전체(모세의 율법, 선자의 글, 시편)를 '자기 자신이 누구인지'의 관점으로 설명하셨다. 이는 성경 전체가 예수 그리스도에 관해 증거한 것이며, 그 중심이 예수 그리스도이심을 분명히 드러내는 핵심 구절이다.

예수님의 가르침은 같은 관점으로 반복되었다.

> 너희가 성경에서 영생을 얻는 줄 생각하고 성경을 연구하거니와 **이 성경이 곧 내게 대하여 증언하는 것이니라** 요 5:39

제자들은 성경의 중요성을 이미 알고 있었다. 그러나 성경이 '예수님이 누구신지를 증언하는 책'인지는 몰랐다.

단호하게 들릴지 모르지만, 성경통독의 관점이 없다면 예수님의 제자가 아니다. 성경은 유대인도, 불신자도 읽는다. 예수님의 제자라면 성경 전체에서 그분이 누구신지를 생각하며 읽어야 한다. 이는 예수께 나아가는 일로 이어진다.

그러나 너희가 영생을 얻기 위하여 내게 오기를 원하지 아니하는도다 요 5:40

3. 믿음: 예수님이 그리스도이심을 믿으며 읽기

성경 전체가 예수님의 이야기임을 확인했다면, 그다음 할 일은 예수님을 믿는 것이다. 그분이 성경에서 말씀하는 그리스도, 곧 구원자이심을 믿는 것이다.

예수님은 두 제자와 엠마오로 가는 길에서도 강조하셨다.

미련하고 선지자들이 말한 모든 것을 마음에 더디 믿는 자들이여 눅 24:25

가르치며 읽기

예수님이 성경을 풀어주시자, 말씀은 지식이 아닌 사건으로 다가왔고, 그 안에서 제자들은 새로 태어났다. 성경통독의 완성은 깨달은 것을 전하는 데 있다. 성경 전체가 예수 그리스도를 증거함을 누군가에게 가르치는 것이다.

초대 교회는 구약의 모든 말씀이 '예수 그리스도'로 완전하게 계시되었음을 가르쳤다(히 1:1,2). 사도행전에서도 이 원칙은 분명했다. 빌립 집사는 이사야서를 통해 예수님이 누구신지를 가르쳤다(행 8:35). 사도 바울은 데살로니가에 있는 유대인 회당에서 성경을 강론하며 "이 예수가 곧 그리스도"라고 가르쳤다(행 17:2,3). 그는 "아침부터 저녁까지" 하나님 나라를 증언하고 예수 그리스도에 관해 전했다(행 28:23).

성경통독이란 교회를 세우는 데까지 나아간다. 성경 전체를 통해 예수님을 발견하고, 그분이 바로 하나님께서 약속하신 그리스도이심을 선포하는 데까지 나아가는 여정이다. 그래서 '복음통독', '사명통독'이기도 하다.

초대 교회 전통임을 기억하며 읽기

성경통독을 왜 해야 하는지 여전히 의문이 든다면 이렇

게 말하고 싶다.

"교회의 교회 됨을 나타내는 표지가 바로 성경통독이다. 교회는 성경통독으로 시작됐고, 세워졌다!"

오순절 이후 제자들은 이전과 달랐다. 말에 힘이 있었고, 방향이 분명했다. 앞서 말했듯이, 베드로는 요엘서와 시편을 인용해 예수 그리스도의 죽음과 부활을 증언했다(행 2장). 이것은 성경통독적 가르침이었다. 그는 구약을 배경으로 두는 데 그치지 않고, 성경 전체를 예수 그리스도를 설명하는 중심 메시지의 '뼈대'로 보여주었다.

이 흐름은 사도행전 3장으로 이어졌다. 성전 미문에서 일어난 치유 사건 이후, 베드로는 모세, 사무엘, 아브라함의 언약을 인용하며 예수님이 그 약속의 성취자임을 선포했다(행 3:11-26).

이처럼 초대 교회의 복음 선포는 특정 본문에 갇히지 않고 성경 전체를 아우르는 해석의 여정이었다. 사도들뿐 아니라 교회 공동체도 말씀을 중심으로 모였다.

떡을 떼고 기도하기를 힘쓰며 사도의 가르침에 몰두했다(행 2:42). 그들은 조직보다 말씀에 반응했고, 규칙보다 복음의 능력에 붙들려 있었다. 이처럼 성경을 통해 복음을 깨달을 때 사람들은 변화되었다.

선교와 교회 개척 방법임을 기억하며 읽기

교회가 이방인에게로 확장되면서, 성경통독의 중요성은 더욱 분명해졌다. 에베소서 2장은 유대인과 이방인이 어떻게 하나 되었는지를 설명한다. 20절은 그 중심에 복음이 있으며, 그들이 모퉁잇돌 되신 그리스도 예수 안에서 "사도들과 선지자들의 터 위에 세우심을 입은 자"라고 말한다. 이 말씀을 통해 교회가 말씀 위에 세워진 공동체로 확장되었음을 알 수 있다.

초대 교회는 성경을 통해 복음을 가르쳤고, 그 터 위에 교회 공동체들이 퍼져나갔다. 그들에게 성경은 능력이었다. 예수 그리스도가 전해지는 사역의 기초이자 도착지이며, 재생산의 방법이었고, 교회를 번식시키는 생명이었다.

성령님을 의지하며 읽기

성경은 기원전 15세기경부터 기원후 1세기 말까지, 약 1,500년에 걸쳐 기록되었다. 저자만 40명가량 된다. 그들은 왕, 어부, 세리, 의사, 학자, 목자, 농부, 제사장, 선지자 등 다양한 배경의 사람들이었다. 하지만 모두 성령님이 주신 감동으로 성경을 기록했다.

이토록 오래 여러 사람에 의해 쓰였음에도, 성경은 예수 그리스도를 중심으로 통일된 구속사의 메시지를 담고 있다. 이는 성경이 성령님의 감동으로 기록된 하나님의 말씀이라는 강력한 증거다. 성경도 그 저자를 성령 하나님이시라고 증언한다(딤후 3:16,17, 벧후 1:20,21). 따라서 성경통독은 저자이신 성령님과 만나고, 대화하며, 동행하는 일이다. 예수님이 제자들의 "마음을 열어 성경을 깨닫게" 해주신 것을 보라(눅 24:45). **성경통독은 인간의 힘으론 불가능하다. 하나님이 역사해 주실 때만 가능하다**(요 14:26, 16:13, 고전 2:10-14).

실천 과제

❶ 성경통독을 시작하자

성경통독은 누구나 할 수 있다. 특별한 기술보다 습관과 갈망이 필요하다. 말씀을 읽고, 듣고, 붙드는 삶의 습관을 세워보자.

❷ 암송 요절

이 율법책을 네 입에서 떠나지 말게 하며
주야로 그것을 묵상하여
그 안에 기록된 대로 다 지켜 행하라
그리하면 네 길이 평탄하게 될 것이며
네가 형통하리라 수 1:8

❸ 성경통독을 어떻게 할지 몰라 막막한 이들을 도와주자

예수님도 성경으로 제자들을 훈련하셨다. 성경 읽기를 힘들어하는 이들에게 말씀을 삶에 적용하는 법을 가르쳐주며, 말씀에 순종하는 공동체를 함께 세워가자고 독려하자.

Part 2

구약성경

1 그러므로 이제 그리스도 예수 안에 있는 자에게는 결코 정죄함이 없나니 2 이는 그리스도 예수 안에 있는 생명의 성령의 법
이 죄와 사망의 법에서 너를 해방하였음이라 3 율법이 육신으로 말미암아 연약하여 할 수 없는 그것을 하나님은 하시나니 곧
죄로 말미암아 자기 아들을 죄 있는 육신의 모양으로 보내어 육신에 죄를 정하사 4 육신을 따르지 않고 그 영을 따라 행하는 우
리에게 율법의 요구가 이루어지게 하려 하심이니라 5 육신을 따르는 자는 육신의 일을, 영을 따르는 자는 영의 일을 생각하나
니 6 육신의 생각은 사망이요 영의 생각은 생명과 평안이니라 7 육신의 생각은 하나님과 원수가 되나니 이는 하나님의 법에 굴
복하지 아니할 뿐 아니라 할 수도 없음이라 8 육신에 있는 자들은 하나님을 기쁘시게 할 수 없느니라 9 만일 너희 속에 하나
님의 영이 거하시면 너희가 육신에 있지 아니하고 영에 있나니 누구든지 그리스도의 영이 없으면 그리스도의 사람이 아니라
10 또 그리스도께서 너희 안에 계시면 몸은 죄로 말미암아 죽은 것이나 영은 의로 말미암아 살아 있는 것이니라 11 예수를 죽
은 자 가운데서 살리신 이의 영이 너희 안에 거하시면 그리스도 예수를 죽은 자 가운데서 살리신 이가 너희 안에 거하시는 그
의 영으로 말미암아 너희 죽을 몸도 살리시리라 12 그러므로 형제들아 우리가 빚진 자로되 육신에게 져서 육신대로 살 것이 아
니니라 13 너희가 육신대로 살면 반드시 죽을 것이로되 영으로써 몸의 행실을 죽이면 살리니 14 무릇 하나님의 영으로 인도함
을 받는 사람은 곧 하나님의 아들이라 15 너희는 다시 무서워하는 종의 영을 받지 아니하고 양자의 영을 받았으므로 우리가 아
빠 아버지라고 부르짖느니라 16 성령이 친히 우리의 영과 더불어 우리가 하나님의 자녀인 것을 증언하시나니 17 자녀이면 또
한 상속자 곧 하나님의 상속자요 그리스도와 함께 한 상속자니 우리가 그와 함께 영광을 받기 위하여 고난도 받아야 할 것이니
라 18 생각하건대 현재의 고난은 장차 우리에게 나타날 영광과 비교할 수 없도다 19 피조물이 고대하는 바는 하나님의 아들들
이 나타나는 것이니 20 피조물이 허무한 데 굴복하는 것은 자기 뜻이 아니요 오직 굴복하게 하시는 이로 말미암음이라 21 그 바
라는 것은 피조물도 썩어짐의 종 노릇 한데서 해방되어 하나님의 자녀들의 영광의 자유에 이르는 것이니라 22 피조물이 다 이
제까지 함께 탄식하며 함께 고통을 겪고 있는 것을 우리가 아느니라 23 그뿐 아니라 또한 우리 곧 성령의 처음 익은 열매를 받
은 우리까지도 속으로 탄식하여 양자 될 것 곧 우리 몸의 속량을 기다리느니라 24 우리가 소망으로 구원을 얻었으매 보이는 소
망이 소망이 아니니 보는 것을 누가 바라리요 25 만일 우리가 보지 못하는 것을 바라면 참음으로 기다릴지니라 26 이와 같이 성
령도 우리의 연약함을 도우시나니 우리는 마땅히 기도할 바를 알지 못하나 오직 성령이 말할 수 없는 탄식으로 우리를 위하
여 친히 간구하시느니라 27 마음을 살피시는 이가 성령의 생각을 아시나니 이는 성령이 하나님의 뜻대로 성도를 위하여 간구
하심이니라 28 우리가 알거니와 하나님을 사랑하는 자 곧 그의 뜻대로 부르심을 입은 자들에게는 모든 것이 합력하여 선을 이
루느니라 29 하나님이 미리 아신 자들을 또한 그 아들의 형상을 본받게 하기 위하여 미리 정하셨으니 이는 그로 많은 형제 중
에서 맏아들이 되게 하려 하심이니라 30 또 미리 정하신 그들을 또한 부르시고 부르신 그들을 또한 의롭다 하시고 의롭다 하
신 그들을 또한 영화롭게 하셨느니라 31 그런즉 이 일에 대하여 우리가 무슨 말 하리요 만일 하나님이 우리를 위하시면 누가 우
리를 대적하리요 32 자기 아들을 아끼지 아니하시고 우리 모든 사람을 위하여 내주신 이가 어찌 그 아들과 함께 모든 것을 우
리에게 주시지 아니하겠느냐 33 누가 능히 하나님께서 택하신 자들을 고발하리요 의롭다 하신 이는 하나님이시니 34 누가 정
죄하리요 죽으실 뿐 아니라 다시 살아나신 이는 그리스도 예수시니 그는 하나님 우편에 계신 자요 우리를 위하여 간구하시는
자시니라 35 누가 우리를 그리스도의 사랑에서 끊으리요 환난이나 곤고나 박해나 기근이나 적신이나 위험이나 칼이랴 36 기
록된 바 우리가 종일 주를 위하여 죽임을 당하게 되며 도살 당할 양 같이 여김을 받았나이다 함과 같으니라 37 그러나 이 모
든 일에 우리를 사랑하시는 이로 말미암아 우리가 넉넉히 이기느니라 38 내가 확신하노니 사망이나 생명이나 천사들이나 권
세들이나 현재 일이나 장래 일이나 능력이나 39 높음이나 깊음이나 다른 어떤 피조물이라도 우리를 우리 주 그리스도 예수 안
에 있는 하나님의 사랑에서 끊을 수 없으리라 로마서 8장 1 그러므로 이제 그리스도 예수 안에 있는 자에게는 결코 정죄함이 없
나니 2 이는 그리스도 예수 안에 있는 생명의 성령의 법이 죄와 사망의 법에서 너를 해방하였음이라 3 율법이 육신으로 말미
암아 연약하여 할 수 없는 그것을 하나님은 하시나니 곧 죄로 말미암아 자기 아들을 죄 있는 육신의 모양으로 보내어 육신에
죄를 정하사 4 육신을 따르지 않고 그 영을 따라 행하는 우리에게 율법의 요구가 이루어지게 하려 하심이니라 5 육신을 따르
는 자는 육신의 일을, 영을 따르는 자는 영의 일을 생각하나니 6 육신의 생각은 사망이요 영의 생각은 생명과 평안이니라 7 육
신의 생각은 하나님과 원수가 되나니 이는 하나님의 법에 굴복하지 아니할 뿐 아니라 할 수도 없음이라 8 육신에 있는 자들은
하나님을 기쁘시게 할 수 없느니라 9 만일 너희 속에 하나님의 영이 거하시면 너희가 육신에 있지 아니하고 영에 있나니 누구
든지 그리스도의 영이 없으면 그리스도의 사람이 아니라 10 또 그리스도께서 너희 안에 계시면 몸은 죄로 말미암아 죽은 것이
나 영은 의로 말미암아 살아 있는 것이니라 11 예수를 죽은 자 가운데서 살리신 이의 영이 너희 안에 거하시면 그리스도 예수
를 죽은 자 가운데서 살리신 이가 너희 안에 거하시는 그의 영으로 말미암아 너희 죽을 몸도 살리시리라 12 그러므로 형제들
아 우리가 빚진 자로되 육신에게 져서 육신대로 살 것이 아니니라 13 너희가 육신대로 살면 반드시 죽을 것이로되 영으로써 몸
의 행실을 죽이면 살리니 14 무릇 하나님의 영으로 인도함을 받는 사람은 곧 하나님의 아들이라 15 너희는 다시 무서워하는 종
의 영을 받지 아니하고 양자의 영을 받았으므로 우리가 아빠 아버지라고 부르짖느니라 16 성령이 친히 우리의 영과 더불어 우
리가 하나님의 자녀인 것을 증언하시나니 17 자녀이면 또한 상속자 곧 하나님의 상속자요 그리스도와 함께 한 상속자니 우리
가 그와 함께 영광을 받기 위하여 고난도 받아야 할 것이니라 18 생각하건대 현재의 고난은 장차 우리에게 나타날 영광과 비
교할 수 없도다 19 피조물이 고대하는 바는 하나님의 아들들이 나타나는 것이니 20 피조물이 허무한 데 굴복하는 것은 자기 뜻
이 아니요 오직 굴복하게 하시는 이로 말미암음이라 21 그 바라는 것은 피조물도 썩어짐의 종 노릇 한데서 해방되어 하나님
의 자녀들의 영광의 자유에 이르는 것이니라 22 피조물이 다 이제까지 함께 탄식하며 함께 고통을 겪고 있는 것을 우리가 아
느니라 23 그뿐 아니라 또한 우리 곧 성령의 처음 익은 열매를 받은 우리까지도 속으로 탄식하여 양자 될 것 곧 우리 몸의 속
량을 기다리느니라 24 우리가 소망으로 구원을 얻었으매 보이는 소망이 소망이 아니니 보는 것을 누가 바라리요 25 만일 우
리가 보지 못하는 것을 바라면 참음으로 기다릴지니라 26 이와 같이 성령도 우리의 연약함을 도우시나니 우리는 마땅히 기도
할 바를 알지 못하나 오직 성령이 말할 수 없는 탄식으로 우리를 위하여 친히 간구하시느니라 27 마음을 살피시는 이가 성령
의 생각을 아시나니 이는 성령이 하나님의 뜻대로 성도를 위하여 간구하심이니라 28 우리가 알거니와 하나님을 사랑하는 자
곧 그의 뜻대로 부르심을 입은 자들에게는 모든 것이 합력하여 선을 이루느니라 29 하나님이 미리 아신 자들을 또한 그 아들
의 형상을 본받게 하기 위하여 미리 정하셨으니 이는 그로 많은 형제 중에서 맏아들이 되게 하려 하심이니라 30 또 미리 정하
신 그들을 또한 부르시고 부르신 그들을 또한 의롭다 하시고 의롭다 하신 그들을 또한 영화롭게 하셨느니라 31 그런즉 이 일
에 대하여 우리가 무슨 말 하리요 만일 하나님이 우리를 위하시면 누가 우리를 대적하리요 32 자기 아들을 아끼지 아니하시
고 우리 모든 사람을 위하여 내주신 이가 어찌 그 아들과 함께 모든 것을 우리에게 주시지 아니하겠느냐 33 누가 능히 하나님
께서 택하신 자들을 고발하리요 의롭다 하신 이는 하나님이시니 34 누가 정죄하리요 죽으실 뿐 아니라 다시 살아나신 이는 그
리스도 예수시니 그는 하나님 우편에 계신 자요 우리를 위하여 간구하시는 자시니라 35 누가 우리를 그리스도의 사랑에서 끊
으리요 환난이나 곤고나 박해나 기근이나 적신이나 위험이나 칼이랴 36 기록된 바 우리가 종일 주를 위하여 죽임을 당하게 되
며 도살 당할 양 같이 여김을 받았나이다 함과 같으니라 37 그러나 이 모든 일에 우리를 사랑하시는 이로 말미암아 우리가 넉
넉히 이기느니라 38 내가 확신하노니 사망이나 생명이나 천사들이나 권세들이나 현재 일이나 장래 일이나 능력이나 39 높음이
나 깊음이나 다른 어떤 피조물이라도 우리를 우리 주 그리스도 예수 안에 있는 하나님의 사랑에서 끊을 수 없으리라 로마서 8장

07 율법서:
예수님의 구원 계획은 어떻게 시작되었을까?

신약은 구약에 감추어져 있고, 구약은 신약에 드러나 있다.
어거스틴

창출레민신!

성경은 모세오경, 곧 '창출레민신'(창세기, 출애굽기, 레위기, 민수기, 신명기)으로 시작된다. 이들을 '율법서'라고도 부른다.

이 5권은 각각 독립된 책이면서도, 서로 긴밀히 연결되어 있다. 창세기의 약속이 출애굽기의 해방으로, 출애굽기의 해방이 레위기의 예배로, 레위기의 예배가 민수기의 여정으로, 민수기의 여정이 신명기의 결단으로 이어진다.

이 연결 고리에는 일관된 메시지가 흐른다. 하나님은 죄에 빠진 인간을 포기하지 않으시며 반드시 회복시키신다는 것이다.

율법서는 성경 전체의 토대를 형성한다. 이 5권은 이스라엘 민족의 기원과 하나님의 언약, 구원의 서사를 담고 있다. 동시에 예수 그리스도를 향한 하나님의 구속 계획이 어떻게 시작되었는지를 보여주는 첫 무대다.

또한 율법서는 성경 전체를 '씨앗'처럼 응축해 둔 하나님의 계획서다. 그분의 구속사의 시작과 진행 방향을 이 안에서 찾아볼 수 있다.

구원의 씨앗이 심긴 자리

시작은 나머지를 끌고 갈 동력이 된다. 그래서 "시작이 반"이라고들 한다. 무엇이든 처음을 어떻게 여느냐에 따라 전체 결이 달라진다. 성경의 시작도 마찬가지다. 모세오경은 성경 전체의 설계도처럼 구성되어 있다. 구속사의 긴 여정이 이 5권 안에 요약되어 있다.

율법서를 단지 율법 조항의 정리나 이스라엘 기원의 기록으로만 읽는다면, 그것은 온전한 성경통독이라 말할 수 없다. 앞에서 성경통독은 '예수님이 그리스도이심을 발견해 가는 여정'이라고 했다. 마찬가지로 율법서를 읽을 때도, 그 안에서 예수님이 어떻게 드러나는지를 눈여겨봐야 한다.

동시에 시선이 율법서 안에만 머물러선 안 된다. 나머지

61권의 전체 흐름 속에서 율법서를 바라봐야 한다. 이런 관점으로 읽고, 가르치고, 나누는 것이 성경통독이다.

예수 그리스도의 구원의 복음은 신약에서 갑자기 등장한 것이 아니다. 처음부터 하나님은 죄인들에게 구원의 복음을 들려주셨다. 바로 "여자의 후손"을 약속하심으로써 말이다(창 3:15).

하나님은 죄인들을 죽이지 않으시고 산 짐승을 잡아 "가죽옷"을 지어 입히셨다(창 3:21). 가인을 즉각 심판하지 않으셨고, 그에게 유예기간뿐 아니라 가인의 표까지 은혜로 주셨다(창 4:15). 홍수 심판 중에 구원의 방주를 베푸셨고, 바벨탑 반역에는 언어를 흩으사 살길을 내주셨다(창 6:14, 11:8). 애굽에서 자란 믿음의 민족, 이스라엘을 광야로 불러내어 구원하셨다.

또한 궁극적인 구원자이신 그리스도가 오시기까지 그들이 하나님만 바라고 믿도록 훈련하셨다. 구원이 오직 하나님께로만 온다는 사실을 체득할 환경을 모두 제공하셨다.

맥락을 일일이 설명하자면 끝도 없다. 율법서 전체보다 더 긴 지면이 필요할지도 모른다. 그래서 지금부터는 대표 키워드를 가지고 이야기하려 한다. 바로 "여자의 후손"이다.

여자의 후손을 기다리는 죄인

선악과를 따먹은 하와는 하나님이 나타나셨을 때, 모든 게 끝장날 줄 알았다. 숨고, 떨고, 낯설어진 하나님의 발소리를 피하며 심판을 예상했다. 주께서 "선악과를 먹으면 반드시 죽으리라" 경고하셨으니 죽을 줄로만 알았다. 그런데 하나님은 죽음을 선고하지 않으시고, 뱀을 향해 놀라운 말씀을 하셨다.

> 내가 너로 여자와 원수가 되게 하고 네 후손도 **여자의 후손**과 원수가 되게 하리니 여자의 후손은 네 머리를 상하게 할 것이요 너는 그의 발꿈치를 상하게 할 것이니라 **창 3:15**

이건 심판이 아닌 구원의 메시지였다. 하와는 마음이 복잡했을 것이다.

'여자… 나? 내게서 후손이? 그 아이가 뱀을 꺾을 자라고?'

이때, 죄로 무너진 하와의 마음에 복음의 씨앗이 심겼다. 바로 약속의 말씀이었다. 죄인은 약속의 성취를 소망했다. 그 기다림 끝에 아이가 태어났다. 죄인은 이렇게 외쳤다.

> 내가 여호와로 말미암아 득남하였다 **창 4:1**

여기서 "득남하다"로 번역된 히브리어 카니티(קָנִיתִי)에는 '소유하다, 얻다'라는 의미가 담겨 있다. 말하자면 하와는 "하나님께 받은 약속이 내 손에 있다"라고 외친 것이다. 가인의 존재는 하와에게 약속의 성취처럼 여겨졌을 것이다.

하지만 그 뒷이야기를 보면, 하와의 기대는 곧 절망으로 바뀐다. 가인이 동생 아벨을 들판에서 죽였을 때, 하와는 자신의 죄로 인해 파괴된 세상을 또다시 마주했을 것이다.

소망의 시선으로 따라가며 던지는 질문

가인은 여자의 후손이 아니었다. 살인자였다. 뱀의 머리를 상하게 하기는커녕, 뱀의 수족 역할을 자처했다.

이후 성경은 하와의 시선을 따라가듯, 약속의 말씀에 대한 소망으로 가인의 족보를 훑는다(창 4:17-24). 그러나 슬프게도 가인의 후손 어디에도 여자의 후손은 등장하지 않는다. 약속의 성취가 안 보인다. 오히려 죄만 더할 뿐이었다(창 4:24).

하와는 아담과 동침하여 또 아이를 낳았다. 그 이름은 셋(שֵׁת), "하나님이 내게 가인이 죽인 아벨 대신에 다른 씨를 주셨다"라는 뜻이었다(창 4:25). 이제 소망의 시선이 셋의 족보를 훑는다(창 5:1-32). 그리고 노아에게서 멈춘다.

노아는 히브리어로 '안식, 위로'(נֹחַ)를 뜻한다(창 5:29). 이는 여자의 후손에 대한 기대가 노아에게로 향했음을 보여준다. 노아야말로 여자의 후손, 뱀의 머리를 밟을 자 같았다. 하지만 그도 아니었다. 홍수 이후, 그는 술에 취해 벌거벗은 채로 아들들에게 발견된다. 특히 아버지의 하체를 보고 알렸던 함에게는 자자손손 저주받는 일까지 벌어진다(창 9:21-29).

이후 성경은 노아의 후손 족보를 훑어본다(창 10:1-32). 그러나 여자의 후손은 등장하지 않는다. 오히려 노아의 자손들은 힘을 합쳐 하나님을 대적하려 했다(창 11:1-9).

하나님은 분명히 여자의 후손을 약속하셨다. 이 말씀은 대체 언제 성취되는 걸까? 바벨탑 반역 사건 이후, 소망의 시선은 또다시 족보를 뒤진다(창 11:10-28). 그리고 "아브람"이라는 인물에 당도한다. 과연 그는 여자의 후손일까?

그리고 아무도 없었다

아브라함! 하나님이 직접 부르신 사람, 믿음의 조상, 복의 근원, 별과 같이 많은 자손을 이룰 자. 그는 정말 여자의 후손 같았다. 그러나 막상 이야기를 따라가면 실망스럽다.

그는 수없이 흔들렸고 실수했으며 불완전했다. 그리고 그는 아들 이삭을 결혼시킨 후 숨을 거두었다(창 24:67, 25:8). 아브라함 역시 여자의 후손이 아니었다.

여자의 후손은 대체 누구일까? 이후로도 소망의 시선은 약속의 말씀을 붙들며 가계의 후손들을 훑는다. 그러나 아무도 없었다. 이삭도, 야곱도 아니었다. 온갖 시험 속에서도 정결을 지키고, 형들을 용서하며, 민족을 구원했던 요셉마저도 아니었다. 그렇게 여자의 후손이 나타나지 않은 채로 400년이라는 긴 세월이 흐른다.

그동안 애굽에서 고통받던 이스라엘 백성에게 하나님은 모세를 보내셨다. 모세(מֹשֶׁה)라는 이름은 '물에서 건져낸 자'라는 뜻이다(출 2:10). 출애굽을 이끌고, 홍해를 가르고, 애굽 군대를 수장시키고, 율법을 받고, 하나님과 대면한 사람, 모세! 그는 충분히 여자의 후손처럼 보였다. 하지만 그 역시 자격 미달이었다. 그는 므리바 물을 낼 때 하나님을 경외하지 않았고, 그로 인해 약속의 땅에 들어가지 못했다(민 20:12).

모세의 뒤를 이어 여호수아가 등장한다. 그의 이름 예호슈아(יְהוֹשֻׁעַ)는 '여호와는 구원이시다'라는 의미였다. 여호수아는 수많은 전투에서 승리하여 가나안 땅을 차지한 정복자였다. 그러나 하나님의 진멸 명령을 끝까지 수행하지는 못했기에(신 7:2, 삿 1:27,28) 완전한 구원자는 아니었다.

이후로도 사사, 왕, 선지자 등 수많은 인물이 등장했다. 어떤 이는 강했고, 어떤 이는 지혜로웠다. 그러나 누구도 여자의 후손이 아니었다.

예수 그리스도에 이르기까지

약속의 성취는 "때가 차매" 이루어졌다(갈 4:4). 여자의 후손은 전혀 예상치 못한 방식으로 등장하셨다. 힘센 왕도, 명문가의 자제도 아니었다. 그분은 목수의 아들이자 여인의 몸에서 태어난 아기로 오셨다.

그분의 탄생은 하늘과 땅을 움직였다. 그분은 뱀의 머리를 상하게 하러 오신 진정한 여자의 후손이셨다. 광야에서 마귀의 시험을 이기셨고, 곳곳에서 병든 자를 고치셨고, 귀신 들린 자를 해방시켜 주셨으며, 죽은 자를 살리셨고, 율법의 저주 아래 있던 자들에게 은혜를 선포하셨다. 그분의 사역은 어둠을 물리치는 빛의 출현이었다.

그러나 그분은 십자가에 달리셨다. 모든 것이 끝난 것 같았다. 발꿈치를 상하게 하려는 뱀의 공격이 실현되는 듯했다. 그러나 바로 그 순간, 뱀의 머리는 으스러졌다. 십자가는 실패가 아니었다. 하나님이 예비하신 진정한 승리의 방식이었다. 그리스도는 죄 없으신 몸으로 '나'를 포함한 온 인류의 죄를 대신 지고 죽으셨다. 피 흘림 없이는 사함이 없기에 자신을 완전한 속죄 제물로 드리신 거였다.

그리고 십자가 죽음 후 사흘째 되는 날, 그분은 부활하셨다. 뱀의 속임수, 죽음의 권세, 죄의 사슬을 깨뜨리고 다시 살아나셨다. 그리스도는 진정 "여자의 후손"이셨다. 약속의 성취이자 예언의 실현, 기다림의 끝이자 믿음의 결론이었다.

하와가 두려움 속에 받았던 그 약속의 말씀이 마침내 성취되었다. 셋이 이어받았고, 노아가 바라보았고, 아브라함이 갈망했고, 모세가 예표했고, 여호수아가 닮고 싶어 했던 그분이 오셨다. 예수, 그리스도! 여자의 후손!

복음의 발원지

지금까지 율법서 앞부분의 키워드 "여자의 후손"을 살펴보았다. 이 하나만 가지고도 예수님에 이르기까지 성경 전체를 관통하여 읽을 수 있다. 놀랍게도, 모세오경의 각 장과 구절을 이와 같은 방식으로 탐구할 수 있다.

"가죽옷"(창 3:21)이라는 단어에는 죄인의 수치를 덮기 위해 누군가 대신 죽어야 한다는 하나님의 구원 방식이 나타난다. 이는 이후 성막과 제사를 통해 율법의 틀로 확장된다. 그리고 결국 십자가에서 죽으신 어린양, 예수께로 이어진다.

"방주"(창 6:14)라는 단어에도 심판 가운데 하나님이 준비하신 구원 방식이 드러난다. 오직 방주에 탄 자만이 살아남듯이 예수님은 우리를 위해 예비된 유일한 구원의 문이시다. "내가 문이니"(요 10:9)라는 말씀처럼 우리는 그분 안에 있어야만 구원받는다.

출애굽 직전에 이스라엘 백성은 '유월절 어린 양의 피'로 죽음을 면했다(출 12:3-13). 문설주에 발린 피 아래 있는 자만이 살아남았다. 이는 "우리의 유월절 양 곧 그리스도"(고전 5:7)의 피를 통한 구원과 연결된다.

'만나' 사건(출 16:4)은 "하늘에서 내려온 살아있는 떡"(요 6:51)이신 예수님으로 연결되고, 레위기의 '제사장과 속죄'는 우리를 위해 단번에 제물로 드려지신 예수님으로 귀결된다(히 9:12).

이처럼 모세오경은 '예수님'을 향해 출발한다. 율법서의 사건 하나하나에 복음의 뿌리와 그리스도의 실루엣이 선명하게 나타난다.

모세오경을 읽기에 앞서

우리는 창세기 3장의 키워드 "여자의 후손"이 성경 전체를 견인하는 걸 확인했다. 그 짧은 말씀의 약속 안에 복음의 핵심이 담겨 있는 걸 말이다. 구원의 씨앗은 그때 뿌려졌고, 역사는 그 씨앗을 지키기 위해 숨가쁘게 흘러갔다.

율법서는 예수님의 구원 계획이 이미 시작되었음을 알려주는 설계도다. 겉으로는 규율과 명령의 책처럼 보이지만, 그 안에는 한 사람을 향한 예표가 가득하다. 바로 여자의 후손이신 어린양, 예수 그리스도시다.

지금부터 함께 율법서를 읽을 것이다. 그러나 단지 과거의 율법으로 읽지 않길 바란다. 그 안에 숨어있는 '그리스도의 그림자'를 따라가며, 하나님이 어떻게 구원을 준비해 오셨는지를 보고 느끼길 바란다.

말씀이 육신 입을 준비를 하셨던 최초의 자리, 에덴의 그 날을 기억하며 다시 복음을 읽기 시작하자. 창세기의 씨앗부터 복음서에 맺힌 열매까지, 모든 말씀에서 예수 그리스도를 만나자. 율법서는 그 이야기의 첫 장이다.

실천 과제

❶ 모세오경 통독을 시작하자

모세오경은 하나님나라의 기초를 쌓는 말씀이다. 모세오경 통독은 예수 그리스도의 뿌리를 따라가는 여정이다. 이 말씀을 읽다 보면, 예수님의 밑그림이 드러난다. 그 구속사의 시작을 읽어보자.

❷ 암송 요절

모세를 믿었더라면 또 나를 믿었으리니
이는 그가 내게 대하여 기록하였음이라 요 5:46

❸ 함께 신앙생활을 하는 사람들에게 말해보자

"율법에 감춰진 예수님의 그림자를 함께 찾아갑시다. 창조, 언약, 희생 제사, 출애굽의 길에서 예수님의 흔적을 보게 될 것입니다. 율법은 예수께로 인도하는 초등교사입니다. 성경통독을 통해 이 복음을 누군가에게 풀어 설명하며, 그가 율법을 넘어 복음에 이르게 합시다."

08 역사서: 이스라엘에게 왕은 누구였을까?

그때에 이스라엘에 왕이 없으므로
사람이 각기 자기의 소견에 옳은 대로 행하였더라
삿 21:25

왕을 기다리는 역사

성경통독의 무대는 '역사서'로 이어진다. 역사서는 여호수아서부터 에스더서까지 총 12권이며, 이스라엘 백성이 약속의 땅에 들어가 정착하고, 나라를 이루고, 무너지고, 다시 회복하는 이야기로 진행된다.

역사서는 하나님의 언약 백성이 '현실 속에서' 어떻게 살아냈는지를 보여주는 생생한 기록이다. 율법서에서 심긴 구원의 씨앗이 역사서에서 자라났다. 그 과정은 험난하고 실패로 가득했으며 반복적이었다. 하지만 '왕을 기다리는 이야기'라는 한 흐름으로 이어졌다.

그때에 왕이 없었으므로

사사기에 반복되는 구절이 있다.

그때에 이스라엘에 왕이 없으므로 사람이 각기 자기의 소견에 옳은 대로 행하였더라 삿21:25

이 한 문장으로 역사서 전체 분위기를 요약할 수 있다. 당시 이스라엘에는 왕이 없었다. 백성은 흩어졌고 무질서했으며 죄의 악순환에서 벗어나지 못했다.

왕의 부재는 정치적 리더십의 문제가 아니었다. 하나님의 다스림을 거절하는 백성들이 문제였다. 하나님이 그들의 왕이셨으나 백성들은 왕이 없다고 주장했다. 그들은 눈에 보이지 않는 하나님을 거부하고, 눈에 보이는 인간 왕을 요구했다.

"우리에게 왕을 주어 우리를 다스리게 하라"(삼상 8:6).

이에 하나님은 "그들이 … 나를 버려 자기들의 왕이 되지 못하게 함이니라"라고 씁쓸하게 말씀하셨다(삼상 8:7).

하나님의 형상, 왕의 원형

성경은 '왕'의 개념을 인간의 요구에서 처음 언급하지

않았다. 모세오경 첫 장에서 하나님이 그 개념을 먼저 세우셨다.

> 하나님이 자기 형상 곧 **하나님의 형상**대로 사람을 창조하시되
>
> **창 1:27**

인간은 다른 피조물과 확연히 달랐다. 인간만이 "하나님의 형상"대로 지어졌고, 하나님을 대신하여 세상을 다스리는, 곧 대리 통치자였다. 하나님은 인간에게 "정복하라", "다스리라"(창 1:28)라고 명령하셨다. 이는 왕의 사명이다.

아담은 에덴의 왕이었다. 그러나 하나님의 형상으로서 세상을 하나님의 뜻대로 다스리는 일에 실패했다. 그는 하나님의 말씀이 아닌 뱀의 유혹에 굴복했다.

이후로 등장한 인물들 모두 대리 통치를 시도했으나 온전하지 않았다. 역사서에 등장하는 사사와 왕들도 마찬가지였다. 하나님의 뜻을 온전히 대변하고, 그분의 방식으로 다스린 왕은 역사서가 끝날 때까지 등장하지 않았다.

왕의 자리를 비워둔 역사서

역사서는 점점 어둡게 전개된다. 북이스라엘 왕국은 타락

하고 분열되어 결국 멸망했고, 남유다는 포로로 끌려갔다.

이후 에스라와 느헤미야는 유다 백성과 예루살렘으로 돌아왔지만, 왕은 없었다. 재건된 성전은 솔로몬 성전의 영광에 미치지 못했고, 이스라엘은 로마 식민지로 전락했다.

무엇보다 왕의 자리가 계속 비어 있었다. 모든 왕이 실패했고, 백성은 길을 잃었으며, 하나님의 형상은 가려졌다. 그러나 왕의 빈자리는 예비된 것이었다.

유대인의 왕으로 나신 이가 어디 계시냐 우리가 동방에서 그의 별을 보고 그에게 경배하러 왔노라 하니 마 2:2

동방 박사들의 이 질문은 역사서에서 출발해 성경 전체를 관통하여 예수 그리스도 앞까지 왔다. 마침내 오신 진짜 왕, 그분은 눈에 보이는 권세가 아니라 하나님의 형상을 온전히 담아낸 자로 오셨다. 죄를 이기고, 죽음을 깨뜨리고, 십자가에서 왕으로 등극하신 왕 중의 왕, 예수 그리스도!

그분 안에서 아담의 왕권이 회복되었으며(롬 5:17), 다윗의 왕위가 영원해졌다(삼하 7:12-16, 눅 1:32,33, 행 2:30-36). 또한 하나님나라의 통치가 시작되었다(마 12:28, 막 1:15, 행 2:36, 골 1:13). 이제 그분의 백성은 더 이상 "자기의 소견에 옳은 대로" 살지 않는다(삿 21:25). 자기를 부인하고 왕의 뜻을 따라 살게 된다

(막 8:34). 왕이 계시기 때문이다.

역사서에 나타나는 예수 그리스도

왕을 찾는 믿음의 시선으로 역사서를 읽어보자. 진짜 왕은 누구신가? 누가 하나님의 뜻대로 다스릴 수 있는가? 누가 우리를 죄와 죽음과 혼돈에서 건져낼 수 있는가? 하나님은 어떤 왕을 주시는가? 이렇게 질문하며 읽다 보면, 책마다 왕의 실루엣이 선명하게 드러난다.

1. 여호수아서

여호수아는 히브리어로 예수님과 이름이 같다. 그는 백성을 이끌어 약속의 땅으로 들어갔다. 이는 나중에 등장할 궁극적인 왕의 모습이었다. 예수 그리스도는 우리를 죄와 죽음에서 건져 하나님나라로 인도하시는 참 구원자시다.

2. 사사기, 룻기

사사기는 왕을 찾는 여정이다. 왕의 부재가 초래하는 혼란상을 적나라하게 보여준다. 그리스도 없이는 삶도, 질서도 사라진다는 것을 말이다. 결국 이 책은 반복된 혼란으로 끝이 난다(삿 21:25). 이어서 등장하는 룻기는, 한 이방 여인이 하나님의 은혜 안에 들어와 다윗 왕가의 조상이 되는 이야기다. 예수 그리스도께서 어떤 족보를 통해, 어떤 방식으로 이 땅에 왕으로 오시는지를 예언처럼 보여주는 구속사의 연결점이다.

3. 사무엘상·하

사무엘서에는 거절당한 왕이신 하나님의 모습이 드러난다. 이스라엘 백성이 사무엘에게 인간 왕을 요구한 건 곧 하나님의 왕권에 대한 거절이었다(삼상 8:7). 예수님 역시 거절당하신 왕이셨다. 십자가 앞에서 백성들은 예수님을 향해 "이 왕을 원치 않는다"라며 소리쳤다(눅 23:18).

한편 다윗은 하나님 마음에 합한 왕이었다(삼상 13:14, 행 13:22). 그러나 그도 간음과 살인을 저지르고 가정 파괴를 초래하는 등 불완전했다. 그런 다윗에게 하나님은 그 왕위를 영원히 견고히 보전하겠다고 약속하셨다(삼하 7:16). 이는 눈에 보이는 인간의 왕위를 말씀하신 게 아니라 다윗의 자손으로 오실 영원한 왕에 대한 약속이었다(눅 1:32,33).

4. 열왕기상·하

열왕기서는 다윗 왕조에서 솔로몬의 영광을 지나 북이스라엘과 남유다의 멸망까지 이어지는 왕들의 흥망을 기록한 책이다. 모든 왕이 거듭된 우상숭배와 불순종으로 실패하는 걸 보여주며, 사람이 만든 왕국이 세상을 구원할 수 없음을 드러낸다. 이와 대조적으로 다윗의 후손으로 오시는 그리스도만이 영원하고 의로운 왕이심을 증언한다.

5. 역대상·하

역대기서는 포로기 이후 유대 공동체를 향한 구속사적 시선으로 서술한 역사서다. 열왕기서와 같은 시대를 다루지만, 북이스라엘보다 남유다 역사에 집중하며, 다윗 언약과 예배의 회복에 초점을 맞춘다. 특히 성전, 언약, 찬양과 같은 요소는 예수님 안에서 완성될 거룩한 왕국과 예배 공동체를 예표한다. 예수님은 다윗 언약을 성취하시는 왕이자, 우리 가운데 임하시는 참 성전이 되신다(요 2:21).

6. 에스라서, 느헤미야서

두 책에는 포로 귀환 후 무너진 성벽과 예배를 복원하고, 백성의 정체성을 회복하려는 이야기가 나온다. 성전은 작고, 국가는 독립하지 못했으며, 약속의 왕이 아직 등장하지 않은 미완성의 회복은 장차 오실 그리스도께서 무너진 심령을 재건하시고 하나님나라를 온전히 세우실 것에 관한 조짐을 나타낸다.

7. 에스더서

에스더서에는 '하나님'이라는 말이 한 번도 나오지 않지만, '왕'(מֶלֶךְ)이라는 단어가 약 130회가량 반복해서 언급된다. 보이지 않아도 일하시는 왕, 하나님의 섭리가 이 책을 지배한다. 이는 예수 그리스도께서 조용히 그러나 강력하게 우리를 위한 대제사장과 왕으로 일하고 계심을 나타낸다.

역사서는 인간의 왕국이 한계를 드러낼 때마다 예수 그리스도의 도래를 준비한다. 실패한 왕들, 무너진 성전, 불완전한 회복 너머로 참된 왕이신 예수 그리스도가 오실 날을 고대한다.

역사서 통독을 시작하며

역사서를 읽는다는 건 실패한 왕들 속에서 진짜 왕을 기다리는 소망을 회복하는 일이다. 역사서의 모든 흔들림과 무너짐, 갈망과 기다림은 예수 그리스도 한 분을 향한 소망으로 이어진다. 인간이 만든 왕국은 전부 무너졌지만, 하나님이 보내실 왕은 십자가 죽으심과 부활로 자신의 영원한 왕권을 증명하실 것이기 때문이었다.

실천 과제

❶ 역사서 통독을 시작하자

이스라엘의 역사는 하나님 없이 인간 왕을 구했던 실패와 좌절의 역사다. 하지만 그 위로 진짜 왕이신 예수님이 떠오른다. 역사서를 펼쳐 왕이 없던 시대를 지나 만왕의 왕을 고대하는 순례를 시작해 보자.

❷ 암송 요절

그때에 이스라엘에 왕이 없으므로
사람이 각기 자기의 소견에 옳은 대로 행하였더라 삿 21:25

❸ 함께 신앙생활을 하는 사람들에게 말해보자

"인간 왕의 실패는 참된 왕을 기다리게 합니다. 예수님은 하나님나라의 왕으로 오셔서 공의와 사랑으로 다스리십니다. 그분은 당신의 왕이십니다. 예수님의 통치 아래 사는 게 어떤 것인지 성경을 읽으며 찾아봅시다."

09 시가서:
우리가 힘들 때, 예수님은 어디 계실까?

우리에게 있는 대제사장은
우리의 연약함을 동정하지 못하실 이가 아니요
히 4:15

시가서를 열면

시가서는 성경 중심에 놓인 5권의 책이다. 이 책들은 하나님을 향해 인생 한가운데서 던지는 질문들과 그 반응을 담고 있다. 인간의 감정과 철학, 신앙의 깊은 층위를 하나님 앞에서 토해낸다.

욥기의 질문, 시편의 찬양과 탄식, 잠언의 지혜, 전도서의 허무, 아가서의 사랑은 각기 다른 목소리를 내지만, 모두 하나님 앞에 선 인간의 고백이다. 그리고 그 사이로 한 인물이 드러난다. 바로 예수 그리스도시다.

신약성경은 시편과 지혜 문학 속 인물들을 통해 예수님이 곧 그리스도이심을 증언한다(마 22:44, 27:46, 요 1:1-3, 19:23,24,

눅 23:35, 행 2:34-36, 13:33, 골 1:15-17, 딤 2:5, 히 1:5).

지금부터 시가서에서 예수님을 어떻게 만날 수 있는지, 그분이 우리의 감정과 질문에 어떻게 응답하시는지를 살펴보자.

구약의 중심에서 인간의 언어로 드려진 노래

구약성경은 5개의 큰 덩어리로 구분된다. 모세오경, 역사서, 시가서, 대선지서, 소선지서. 이 중 시가서는 정중앙에 놓여 있다. 경이로운 일이다. 구약의 처음과 끝은 하나님의 메시지를 인간에게 전하는 구조인 반면, 중앙에 있는 시가서는 하나님을 향한 인간의 사랑과 탄식과 지혜의 노래다.

시가서의 위치를 보면, 구약의 구조적 리듬이 느껴진다.

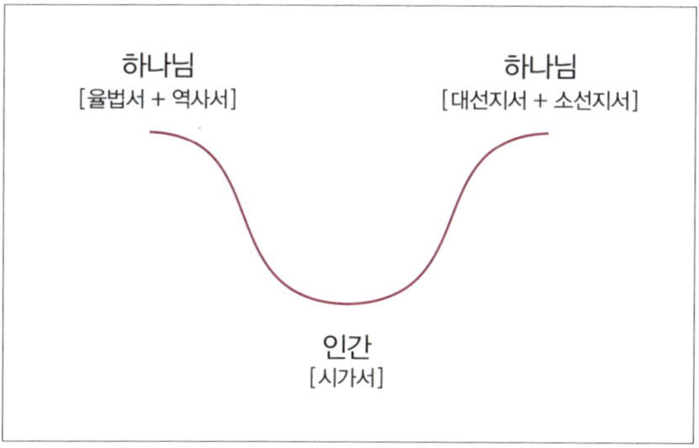

이는 성경통독적 관점에서 놀라운 상징이다. 성경의 배치 구조조차도 예수 그리스도를 닮았기 때문이다. 예수님은 완전한 하나님이시며 완전한 인간이시다. 그분은 하나님이 어떤 분이신지를 가장 분명하게 보여주는 계시의 말씀 자체시며, 동시에 인간이 하나님 앞에서 무엇을 느끼고, 어떻게 기도하며, 어떻게 죽고, 부활하는지를 삶으로 보여주신 분이다.

시가서는 구조뿐 아니라 내용도 예수님을 닮아있다. 그 내용은 예수께서 인간의 자리에서 하나님께 드린 기도와도 같다. 그분의 십자가 절규는 하나님의 아들이 인간의 언어로 부르짖은 시편이었고, 그분의 부활은 하늘로 올려지는 가장 영광스러운 찬송이었다.

또한 시가서는 예수 그리스도의 심장과도 같다. 완전한 신성과 완전한 인성을 가지신 그분이 하나님과 인간을 이어주심을 노래하고 있기 때문이다.

욥기의 탄식은 고통의 대속자를, 시편의 노래는 메시아 예수님을, 잠언의 지혜는 창조주 예수님을, 전도서의 허무는 인생의 의미이신 예수님을, 아가서의 사랑은 교회를 신부 삼으신 예수님을 나타낸다.

하나님을 경외한다는 건 무엇인가?

시가서의 첫 책은 욥기다. 왜 고난 당하는 자의 이야기가 첫 책으로 배치되었을까?

이는 신학적 의도가 담긴 질서로 이해할 수 있다. 욥기는 시가서의 문을 여는 열쇠다. 욥기는 시작과 동시에 욥이 하나님을 경외하는 자임을 선언한다(욥 1:1). 그러나 곧이어 사단의 참소가 이어진다. 욥의 경외는 진정한 경외가 아니라는 거였다. 그의 경외에는 "까닭"이 있다고 했다(욥 1:9).

그 결과 욥에게 고난이 시작된다. 그리고 욥과 그를 찾아온 세 친구 사이에 질문과 대답이 이어진다.

흥미롭게도, 욥기 말미에 욥이 "회개"를 한다(욥 42:6). 사단의 참소가 거짓이었다면 그는 회개할 이유가 없었다. 다시 말해, 사단의 참소는 사실이었다. 이유 있는 경외는 참된 경외가 아니었다(욥 1:9, 2:4,5). 이처럼 마지막에 가서야 사단과 대화할 필요가 전혀 없으셨던 하나님이 그와 대화하신 이유가 욥 때문이었음이 드러난다. 이는 마치 어린 자녀의 잘못 때문에 아비가 참소자를 대면해야 하는 것과 같았다.

전모를 알고 다시 읽으면, 욥과 친구 3명의 논쟁은 흥미롭다. 왜냐면 진실과 거짓 사이의 긴장이 흐르기 때문이다. 우선 진실은 욥이 '까닭 있는 경외자'였다는 데 있다. 사단의 참소가 사실이었던 것이다. 욥은 하나님으로부터 받은 것이 있고 기대하는 것이 있어서 그분을 경외했다. 그도 의인이 아니었다. 그는 심판을 받아도 할 말이 없었다. 그럼에도 욥과 그 친구들은 이 사실을 전혀 모르고 대화를 이어간다. '경외'가 아니라 '고통'의 이유, 까닭을 찾는다.

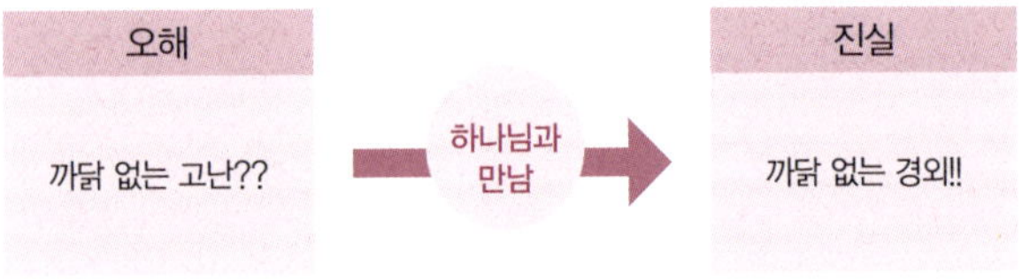

[과거의 욥] [변화된 욥]

욥기의 대화는 그 첫 단추가 '이유 없는 고난'이었다. 욥은 자신이 잘못한 게 없는데 왜 고난받아야 하냐며 항의했다. 그는 자신의 이유 있는 경외, 곧 '가짜 경외'를 '진짜 경외'로 철석같이 믿고 있었다. 자기 생각으로 하나님의 존재를 그렸다. 자신에겐 죄가 없으니 고난도 없어야 한다고 주장했다. 자신을 높게 보고, 하나님은 작게 보았다.

고통 때문이었다. 고통 때문에 하나님을 자기 경험의 한계 안의 논쟁 대상으로 전락시켰다. 그러나 하나님을 만나자 진실에 눈을 떴다. 그리고 모든 논쟁을 철회했다.

그러므로 내가 스스로 거두어들이고 티끌과 재 가운데에서 회개하나이다 욥 42:6

욥은 오해가 풀렸다. 하나님과 만났기 때문이었다. 그분을 만나야 참된 경외를 하게 된다. 그 외에는 그분을 경외할 길이 없다. 욥은 하나님에 의해, 이전에 했던 이유 있는 경외는 참된 경외가 아님을 깨닫고 회개했다. 기나긴 말싸움을 스스로 거두어들였다. 그리고 하나님이 세우신 중보자가 되었다(욥 42:8,9).

하나님은 욥의 무지와 죄로 인한 '이유 있는 고통'보다 훨씬 크신 분이며, '이유 없는 경외'를 받기에 합당하신 창조주시다.

고통의 답은 경외

시가서는 땅에서 하늘로 올라가는 목소리다. 자신의 죄된 상태에 대해 무지하여 하나님을 오해하는 죄인들의 호소다.

죄는 죄인이 인식하지 못할 만큼 깊고 어둡다. 욥은 꿈에도 몰랐다. 자신의 경외함에 아무 문제가 없다고 굳게 믿었다. 그의 믿음은 죄인이 자기 죄에 얼마나 무지한지를 보여준다. 이것이 고통의 근원이다. 그래서 고통조차 무지의 대상이다.

욥기는 시가서의 패턴을 담고 있다. 경외함은 밑에서 위로 올라간다. 자신의 이유 모를 고통보다 크신 창조주 하나님을 붙드는 것이다. 그 끝에 경외를 깨닫는다. 따라서 경외함 안에 고통의 답이 있다.

시가서는 이런 패턴의 확장이다. 찬양은 경외의 기쁨이고, 탄식은 경외의 신음이자 체념이며, 사랑은 하나님과의 친밀함을 갈망하는 경외의 언어다. 이처럼 5권 모두 '하나님을 경외함'이라는 한 흐름을 갖는다.

나의 대속자가 살아계시니

내가 알기에는 **나의 대속자가 살아계시니** 마침내 그가 땅 위에 서실 것이라 욥 19:25

이 구절은 시가서를 통틀어 가장 복음적인 절규다. 성경통독 관점으로 보면, 예수 그리스도를 선명하게 예표하는 구절이다. 욥은 모든 것을 잃고, 고통 중에 한 분을 간절히 찾았다. 그가 애타게 찾은 이는 자신을 위한 중보자이자 대속자이신 그리스도셨다.

그리스도는 욥과 처음부터 달랐다. 그분은 이유 없는 경외를 받으셔야 하는 흠 없고 온전한 분이셨다. 그런 분이 이유 없는 고난을 받으셨다. 그리스도의 고난이야말로 억울한 고난이었다. 그분은 무고하게 채찍에 맞고 십자가 위에서 버림받으며 "나의 하나님, 어찌하여 나를 버리셨나이까"라고 탄식하셨다. 이는 욥이 하나님께 한 수많은 질문에 대한 답이었다.

욥은 질문했고, 예수님은 묵묵히 대속의 길을 가셨다. 욥은 법정에 하나님을 불러내려 했고, 예수님은 그 법정에서 죄 없이 유죄를 선고받으셨다. 욥은 친구들과 논쟁하며 자기 의를 주장했지만, 진정한 의이신 예수님은 말없이 죄인의 자리에 앉으셨다.

내가 주께 대하여 귀로 듣기만 하였사오나 이제는 **눈으로 주를 뵈옵나이다** 욥 42:5

성경통독이 선사하는 최고의 축복이 있다면, 바로 이 고백일 것이다. 예수님을 귀로만 듣고 지식으로만 아는 게 아니라 고난 한복판에서 그분을 인격적으로 만나는 것.

욥은 눈으로 주를 뵈었다고 말한다. 그 눈은 복음서의 갈릴리 바닷가, 겟세마네, 십자가 아래로 이어진다.

욥기를 읽으며, 이런 질문이 생길 수 있다.

'고난의 한복판에서, 나는 누구를 찾는가?'

그러면 성경이 답해 줄 것이다.

"네 대속자가 살아계신다. 네 고난을 대신할 그분이 이미 땅 위에 서 계셨다."

시편의 주인공

시편은 낯설지 않은 책이다. 찬송가 가사로도 불리고 묵상 구절로도 자주 인용되어 어느새 우리의 언어가 되었다. 그러나 성경통독의 눈으로 시편을 읽어 내려가면, 복음서로 이어지는 메시아 예언서로 새롭게 다가올 것이다.

시편은 예수님의 기도다. 그분의 심장이자 입술과도 같다. 가장 대표적인 것이 22편이다. 이는 본래 다윗의 고백이지만, 고난받는 종으로 오실 메시아를 예표하는 구절들로 가득하다. 훗날 이 땅에 오신 예수님은 십자가에서 큰 소리로 이 시편을 외치셨다.

> 제구시쯤에 예수께서 크게 소리 질러 이르시되 **엘리 엘리 라마 사박다니** 하시니 이는 곧 **나의 하나님, 나의 하나님, 어찌하여 나**

를 버리셨나이까 하는 뜻이라 마 27:46

"엘리 엘리 라마 사박다니"는 "내 하나님이여 내 하나님이여 어찌 나를 버리셨나이까"(시 22:1)라는 절규다. 이는 순간적인 고통의 탄식이 아닌 말씀 성취의 선언이었다. 십자가에서조차 예수님은 시편을 들려주시며 자신이 시편의 성취자임을 밝히셨다.

이처럼 시편에는 메시아를 예표하는 시가 무수히 많다. 2편에는 하나님의 아들이 왕으로 등극하는 장면이 나온다.

내가 여호와의 명령을 전하노라 여호와께서 내게 이르시되 **너는 내 아들이라** 오늘 내가 너를 낳았도다 시 2:7

이 말씀은 예수님의 세례와 부활 사건에서 직접 인용되며 신약성경의 메시아 선언으로 연결된다.

다윗의 시편 110편도 빼놓을 수 없는 대목이다. 훗날 예수님은 "여호와께서 내 주에게 말씀하시기를…"로 시작하는 이 시편을 인용하시며, 바리새인들에게 "다윗이 그리스도를 주라 칭하였은즉 어찌 그의 자손이 되겠느냐"라고 물으셨다(마 22:41-46). 이는 메시아가 단순한 후손이 아니라 '주님'이시라는 선언이었다.

시편은 메시아를 예언한 말씀인 동시에, 예수님의 마음을 엿볼 수 있는 창문과도 같다. 예수님의 겟세마네 기도는 시편의 연장선이다. 시편에 이미 그분의 고난과 외로움, 배신당한 심정, 회복을 향한 갈망, 하나님의 침묵으로 인한 괴로움이 녹아 있기 때문이다. 예수님은 시편으로 기도하셨고, 시편으로 숨 쉬셨다. 십자가에서까지 시편을 선언하셨다.

시편은 고난과 탄식, 회개의 눈물에서 시작해 구원과 회복, 찬양과 승리로 나아가는 흐름을 갖는다. 그 안에는 죄로 인한 절망, 메시아를 향한 갈망, 하나님의 응답과 회복의 기쁨까지 복음이 담고 있는 모든 정서와 주제가 시처럼 펼쳐져 있다. 우리는 시편의 탄식 속에서 겟세마네의 예수님을 만난다. 원수 앞에 상을 차려주시는 노래에서 부활하신 주님의 승리를 맛본다. 시편은 기도이고, 예언이며, 신앙 고백이자 찬양이다.

지혜로 오신 그리스도

다른 시가서가 고난과 찬양과 사랑을 노래한다면, 잠언은 '생활의 기술'을 다룬다. 정직하게 말하고, 부지런하고, 지혜로운 길을 선택하라는 잠언의 메시지는 너무 일상적이어서 성경답지 않게 느껴지기도 한다. 그러나 이 책은 단순한 생활 지혜서가 아니다. '하나님을 아는 지혜'가 결국 '예수 그리스도'라는 사실을 보여주는 책이다.

잠언 8장은 이 책 전체를 관통하는 열쇠다. 여기서 지혜는 철학적 개념이 아닌 '인격'이다. 지혜가 인격적 존재가 되어 말하고, 생각하고, 기뻐한다.

> 여호와께서 그 조화의 시작 곧 태초에 일하시기 전에 나를 가지셨으며 … 내가 그 곁에 있어서 창조자가 되어 날마다 그의 기뻐하신 바가 되었으며 항상 그 앞에서 즐거워하였으며 잠 8:22,30

이 인격적 지혜에 관해 읽다 보면, 떠오르는 인물이 있다. 태초부터 계셨고, 창조의 도구셨으며, 하나님과 함께 영광 중에 계셨던 말씀이신 예수 그리스도시다. 신약성경은 인격적 지혜와 예수 그리스도를 분명하게 연결한다.

> 태초에 말씀이 계시니라 … 만물이 그로 말미암아 지은 바 되었으니 … 말씀이 육신이 되어 우리 가운데 거하시매 … 요 1:1,3,14

예수님은 하나님의 지혜시며, 그 지혜는 살아계신 인격이시다. 잠언의 지혜는 예수님을 예표하는 거대한 실루엣이다.

따라서 잠언을 통독적 관점으로 읽으면, 단순한 행실의 지침 속에서도 예수님을 발견할 수 있다. 우리로 하나님을 보게하며, 하나님과 관계를 회복하게 하시는 분을 만날 수 있다(요 14:9). 그 결과, 하나님을 경외하는 길로 들어서게 된다.

잠언은 예수 그리스도의 지혜와 하나님을 경외하는 인격적 존재에게로 우리를 초대한다. 그리스도께서 말씀하신 대로, 지혜로운 자는 반석 위에 집을 짓는다(마 7:24,25). 그 반석은 단단한 원리 원칙이 아니라, 살아있는 인격이신 예수 그리스도시다.

허무의 의미

전도서와 아가서는 극명한 대비를 이룬다. 하나는 인생의 허무를 읊조리는 지혜자의 탄식이고, 다른 하나는 사랑의 황홀함을 노래하는 신랑과 신부의 속삭임이다. 그러나 통독적 관점으로 보면, 두 책 모두 한 방향을 가리킨다. 바로 예수 그리스도시다. 전도서의 허무와 아가서의 사랑은 모두 그리스도를 기다리는 인간의 본심이다.

먼저 전도서를 보자.

전도자가 이르되 헛되고 헛되며 헛되고 헛되니 모든 것이 헛되도다 전1:2

전도서는 지혜도, 성공도, 쾌락도, 명예도 모두 헛되다고 선언한다. 인생의 민낯을 이토록 적나라하게 고백한 책은 없다. 시가서의 다른 책들이 고난을 견디고, 지혜롭게 살고, 하나님을 찬양하라고 격려한다면, 전도서는 오히려 반문한다.

"그런다고 뭐가 남는데?"

이 허무는 절망이 아니다. 예수님 없이는 인생이 얼마나 공허한지를 보여주는 복음의 프롤로그다. 전도자는 인간의 모든 시도(지식 탐구, 쾌락 추구, 일의 성취, 재물의 축적, 지혜로운 삶으로의 성장)가 진정한 만족을 줄 수 없다는 사실을 끝까지 밀어붙여 보여준다.

그렇게 모든 탐색이 막다른 길에 이르렀을 때, 그는 마침내 다음과 같이 선언한다.

일의 결국을 다 들었으니 하나님을 경외하고 그의 명령들을 지킬지어다 이것이 모든 사람의 본분이니라 전12:13

그는 인간이 스스로의 힘으로 참된 의미에 도달할 수 없다는 사실을 폭로하고, 그 갈망과 허무가 결국 메시아를 향해 열려 있음을 증언한다. 인간의 모든 시도와 탐색이 메시아의 필요성으로 귀결된다.

이처럼 전도서 전체에는 곧 오실 예수 그리스도를 향한 마음의 빈자리가 나타난다. 전도자는 마지막까지, 예수님 안에 거해야만 인생이 헛되지 않음(요 14:6)을 역설한다.

사랑의 계시

아가서는 사랑 시다. 솔로몬과 술람미 여인의 노래는 표면적으로 신랑 신부의 사랑을 담고 있지만, 통독적 관점에서 보면 메시아와 그분의 신부인 교회의 사랑을 예표한다.

> 내게 입맞추기를 원하니 네 사랑이 포도주보다 나음이로구나 … 나는 내 사랑하는 자에게 속하였고 내 사랑하는 자는 내게 속하였으며 그가 백합화 가운데에서 그 양 떼를 먹이는도다 아 1:2, 6:3

신부는 신랑을 갈망하고, 신랑은 신부를 찬미한다. 이 사랑은 에로스에 머물지 않는다. 이것은 언약의 사랑, 헌신의 사랑이며 예배의 본질이다.

신약성경에서는 '그리스도께서 교회를 사랑하시고 그 교

회를 위하여 자신을 주셨다'라며 이 사랑의 결론을 보여준다(엡 5:25). 이 사랑이 바로 아가서의 실체다.

예수님은 자기 피 값으로 신부를 사셨고, 오늘도 그 신부를 아름답다고 부르신다. 그분은 우리를 신부로 보신다. 우리는 그분의 사랑 앞에서 부끄럽지만, 동시에 기쁘다. 아가서는 이 신비를 감각적으로 보여준다.

전도서와 아가서는 각각 인생의 수직과 수평을 나타낸다. 전도서는 '하늘 아래'의 허무를 보여주며 예수께 향하게 하고, 아가서는 '하늘과 땅'의 사랑으로 예수께 나아가게 한다.

실천 과제

❶ 시가서 통독을 시작하자

시가서는 하나님의 말씀과 인간의 반응이 만나는 책이다. 우리는 욥처럼 묻고, 다윗처럼 울고, 솔로몬처럼 깨닫고, 술람미 여인처럼 사랑하면서 성경의 중심부를 지나야 한다. 예수님이 누구신지 질문하며 인간의 목소리로 울려 퍼진 5권의 책을 읽어보자.

❷ 암송 요절

내가 알기에는 나의 대속자가 살아계시니
마침내 그가 땅 위에 서실 것이라 욥 19:25

❸ 함께 신앙생활을 하는 사람들에게 말해보자

"예수님은 당신의 슬픔을 함께 지는 분이시며, 고난 중에 당신과 함께 탄식하십니다. 그분께 욥기로 기도하고, 시편으로 찬양합시다. 잠언에 귀 기울이고, 전도서로 한숨 쉬어봅시다. 그리고 아가서로 그분께 사랑한다고 속삭여 봅시다."

10 대선지서 : 예수님은 왜 심판하실까?

내가 진실로 진실로 너희에게 이르노니
한 알의 밀이 땅에 떨어져 죽지 아니하면 한 알 그대로 있고
죽으면 많은 열매를 맺느니라
요 12:24

하나님은 왜 이랬다저랬다 하실까?

하나님께서는 자기 백성을 사랑하신다. 그런데 백성들이 망가져 간다. 제 무덤을 파고, 거짓에 취하고, 심판받을 짓만 골라 하다가 끝내 자신을 파괴한다. 그들에게 하나님은 선지자의 입을 통해 돌이키라고 외치신다. 때로는 위협하시고, 때로는 우시고, 때로는 "끝났다"라며 포기하신다. 그러다 어느 순간, 다시 말씀하신다.

"내가 너를 회복시키리라!"

이것이 선지서에서 반복적으로 만나는 하나님의 마음이다.

선지서를 읽을 때 혼란스러운 점이 있다. 마치 하나님이

이랬다저랬다 하시는 것처럼 보인다. 멸망을 외치시다가 이내 "너를 다시 품겠다" 말씀하신다. 대체 하나님은 이스라엘 백성을 사랑하시는 걸까, 버리시는 걸까? 진노하시는 걸까, 위로하시는 걸까?

하나님의 심판과 구원

구약성경의 예언서 중 분량이 가장 길고 메시지의 스펙트럼도 넓은 5권을 가리켜 '대선지서'라고 한다. 이른바 '사렘애겔단'(이사야서, 예레미야서, 예레미야애가, 에스겔서, 다니엘서)이다.

1. 이사야서

이사야 선지자는 '거룩하신 하나님'의 시선으로 유다의 죄악과 부패를 고발하되, 메시아의 탄생과 온 세상의 회복을 동시에 외친다. 여기서 거룩하신 하나님은 죄를 용납하지 않으시고 의로 심판하시는 분이자, 동시에 회개하는 자를 끝까지 품으시는 '자비의 하나님'을 뜻한다.

이 책은 "슬프다 범죄한 나라요"(사 1:4)로 시작하지만, "이는 한 아기가 우리에게 났고 한 아들을 우리에게 주신 바 되었는데"(사 9:6)라며 소망을 노래하는 데 이른다.

2. 예레미야서

남유다 멸망 직전에 쓰인 하나님의 가장 깊은 통곡이 담긴 예언서다. 하나님은 "슬프고 아프다 내 마음속이 아프고 내 마음이 답답하여 잠잠할 수 없으니"(렘 4:19)라고 한숨지으시다가, "너희를 향한 나의 생각을 내가 아나니 평안이요 재앙이 아니니라"(렘 29:11)라며 유다 백성이 회개하고 돌이키기를 호소하신다.

3. 예레미야애가

남유다 멸망 후, 하나님이 그들을 바라보며 탄식하시는 시다. 예레미야 선지자는 완전히 무너진 예루살렘을 보고 흐느끼면서도 "여호와의 인자와 긍휼이 무궁하시므로 우리가 진멸되지 아니함이니이다"(애 3:22)라며 백성을 위로한다.

4. 에스겔서

바벨론 포로지에서 이스라엘 백성에게 임한 하나님의 환상과 음성이다. 범죄한 자에게는 "너는 반드시 죽으리라"(겔 33:8) 선언하시면서도, 마른 뼈를 다시 일으켜 군대로 만드는 회복의 하나님이심을 동시에 보여준다(겔 37장).

5. 다니엘서

심판받은 백성 가운데도 여전히 살아계신 하나님의 주권을 보여주는 책이다. 사자 굴 속에서도 함께하시고, 열국의 흥망 속에서도 섭리를 놓지 않으시는 분께서 가장 어두운 시간에도 역사를 이끄심을 증언한다.

이 5권에 하나님은 진노하시지만 끝까지 사랑하시고, 틀림없이 심판하시지만 회복을 준비하시는 분이라는 공통점이 뚜렷이 나타난다.

내가 잠시 너를 버렸으나 큰 긍휼로 너를 모을 것이요 사 54:7

심판 선포의 목적

선지서는 죄에 대한 단호한 심판 선언과 그 심판을 넘어서는 회복의 약속이 교차하며 반복된다. 멸망의 불길한 경고가 선포되다가도 돌연 용서와 회복의 은혜가 들려온다. 그래서 긴장이 흐른다.

자칫 이런 전개는 선지자들의 메시지가 오락가락하는 듯한 인상을 줄 수 있다. 그러나 그 안에는 '하나님의 구속 계획'이 한 방향으로 흐른다. 죄를 심판하시는 하나님의 공의와 끝까지 살리시려는 하나님의 사랑이 공존하는 계획이.

이 공의와 사랑 사이의 긴장은 오직 십자가 위에서만 완전히 해석된다. 하나님의 진노와 사랑이 동시에 쏟아진 자리가 바로 예수 그리스도의 십자가이기 때문이다. 그 십자가에서 심판과 회복, 단절과 연합, 죽음과 생명의 상반된 메시지가 하나로 합쳐진다.

이랬다저랬다 하는 것처럼 들리는 선지자들의 외침은 결국 '십자가'라는 한 점으로 수렴한다.

예수 그리스도는 선지자들의 모든 예언을 몸으로 성취하신 분이다. 그분은 죄인을 향한 하나님의 진노를 받아내셨고, 선지서의 모든 회복의 약속을 친히 이루셨다.

그래서 선지서를 제대로 읽으면, 십자가 앞에 서게 된다. 하나님이 왜 그렇게까지 진노하셨는지, 그런데도 왜 포기하지 않으셨는지가 예수님의 고난과 죽음, 부활로 명확히 드러난다.

선지자들의 심판 선포의 목적은 '구원'에 있었다. 이는 예수님 안에서 완성되었다. 그것은 하나의 진실을 낳았다. 하나님은 회개하는 자를 반드시 살리시며, 그 생명은 예수 그리스도를 통해 얻어진다는 진실.

말씀을 짊어진 자

"선지자"로 번역된 히브리어 '나비'(נָבִיא)는 '말하는 자'라는 뜻이다. 이는 하나님께 부름 받은 사람, 하나님의 말씀이 임한 자를 가리킨다. 이때 '임하다'라는 표현이 중요하다. 하나님의 말씀은 선지자에게 개인적인 깨달음이나 직관으로 임하지 않았다. 어느 날 갑자기, 인생 한복판에 폭풍처럼 들이닥쳤다(렘 1:2, 호 1:1, 욜 1:1, 암 1:1).

선지자는 스스로 예언하지 않았다. 말씀이 임했기에 그 말씀을 감당하기 위해 말해야만 했다. 전해야 할 건 다름 아닌 '창조주 하나님의 말씀'이었다. 이에 선지자들은 말씀을 '몸'으로 대언하는 데 주저함이 없었다. 선지자들의 몸은 말씀의 통로였다. 주의 말씀이 그들의 몸과 일상, 때로는 수치와 고통 속에도 새겨졌다. 그들의 삶과 예언은 하나가 되었다.

대표적인 선지자가 에스겔이다. 그는 극단적이었다. 무려 390일 동안이나 왼쪽으로 누워 이스라엘의 죄악을 떠맡았고, 이어서 40일 동안은 오른쪽으로 누워 유다의 죄를 감당했다. 하나님은 그에게 배합한 곡식으로 떡을 구워 먹되, 인분으로 불을 지펴 구우라고 명령하셨다(겔 4:4-12). 그 끔찍한 식사는 유배지의 굴욕과 예루살렘의 심판을 상징했다.

말씀에 찢긴 자

선지자는 '말씀에 몸이 찢긴 자'다. 하나님의 말씀이 선지자의 몸을 통과하기 때문이다. 하나님의 진노와 사랑이 그의 피와 눈물과 고통 속에 새겨진다.

선지자는 살아있는 말씀 그 자체다. 말씀을 몸으로 살아낸 자다. 그는 하나님의 음성을 '듣는' 자가 아니라 하나님의 말씀으로 인해 '쓰러진' 자다. 그의 입술은 하나님의 말씀을 떠나 살지 못하며, 그의 몸은 그 말씀을 증언하지 않으면 견디질 못한다. 말씀이 임하여 그의 삶을 찢고, 마음을 태우고, 결국 인생 전체를 하나님의 편지로 만든다.

선지서에서 우리는 선지자들을 본다. 하나님의 말씀에 기꺼이 찢긴 삶, 그 불타는 파편을 보게 된다. 그러므로 선지서는 선지자의 살과 피를 뚫고 나온 하나님의 말씀이 우리에게로 흘러온 것이다. 이 말씀이 우리 몸에도 임하도록 마음을 열어야 한다. 선지서를 통독하면, 이런 질문이 생긴다.

'나도 하나님의 말씀 앞에 쓰러진 사람인가?'

이것이 선지자와 만나는 첫 번째 문이다.

거짓 선지자를 분별하라

'나비(נָבִיא)의 진위는 어떻게 가려내야 할까?'

선지서를 읽다 보면 떠오르는 질문이다. 선지자들이 너무 많이 등장하기 때문이다. 그들은 하는 말도 다르다. 앞에서는 멸망을 외치는데, 뒤에서는 평안을 선포한다. 하나같이 "여호와께서 이르시되"라고 하지만, 도무지 하나님께서 하신 말씀처럼 들리질 않는다.

이런 혼란 속에서 성경은 분별 기준을 제공한다. 하나님의 이름으로 말한다고 해서 모두 하나님의 사람은 아니다. 성경은 거짓 선지자의 실체를 명확히 보여주며 구체적으로 분석하고 철저히 경계한다.

예레미야는 하나님께 받은 말씀을 선포하면서, 거짓 선지자들과 끊임없이 충돌했다. 그가 대면한 거짓 선지자들의 모습은 오늘날과도 본질적으로 동일하다.

예레미야서 23장은 거짓 선지자의 특징을 분명하게 보여준다.

- **13절: 우상숭배를 한다. 하나님의 말씀을 전한다면서, 실상은 바알을 섬긴다.**
- **14절: 죄를 죄로 여기지 않으며 정당화한다. 간음하고 거짓말하며, 악행하는 자를 죄악에서 벗어나지 못하게 한다.**

- 16절: 자기 생각으로 말한다.
- 17절: 회개를 촉구하지 않는다. 오히려 죄인에게 "평안하리라. 어떤 재앙도 내리지 않을 것이다"라며 죄인을 위안한다.
- 21절: 하나님이 보내지 않으셨는데도 스스로 나서서 예언한다.

거짓 선지자는 하나님이 말씀하지 않으셨는데도 말하고, 하나님의 이름을 들먹인다. 그의 말은 듣기에 달콤하고 부드럽지만, 그 안에 회개와 생명이 없다.

그렇다면 참 선지자는 어떤 자일까? 하나님께서는 장차 올 참 선지자의 특징을 신명기 18장에서 자세히 가르쳐주셨다.

- 15절: 모세와 같은 자
- 16절: 심판을 면하게 하는 중재자
- 18절: 죄인들을 위해 존재하는 자("그들을 위하여 일으키고"), 하나님의 말씀을 그 입에 가진 자
- 19절: 하나님의 말씀을 하나님의 이름으로 전하는 자
- 21,22절: 그 말에 증험(證驗)과 성취함이 있는 자

특히 22절은 선지자의 진위를 분별하는 중요한 기준이다.

> 만일 선지자가 있어 여호와의 이름으로 말한 일에 증험도 없고 성취함도 없으면 이는 여호와께서 말씀하신 것이 아니요 그 선지자가 제 마음대로 한 말이니 너는 그를 두려워하지 말지니라

말의 출처는 결과로 입증된다. 선지자의 예언이 성취되지 않는다면, 그 말은 하나님의 말씀이 아니다. 거짓 선지자의 말은 가볍고 빠르지만, 참 선지자의 말은 무겁고 성취되는 데 시간이 걸린다. 하나님께서 말씀하셨다면 결코 땅에 떨어지지 않는다.

> 내 입에서 나가는 말도 이와 같이 헛되이 내게로 되돌아오지 아니하고 나의 기뻐하는 뜻을 이루며 내가 보낸 일에 형통함이니라
>
> 사 55:11

참 선지자는 누구를 가리키는가?

하나님의 말씀은 선지자들의 인생을 가르며 이스라엘 백성에게 도달했다. 그런데 그렇게 많은 선지자가 등장했는데도 하나님께서는 '그날'과 '오실 이'를 계속 말씀하셨다.

모세가 말했다.

> 네 하나님 여호와께서 너희 가운데 네 형제 중에서 너를 위하여 나와 같은 선지자 하나를 일으키시리니 너희는 그의 말을 들을지니라 신 18:15

이는 여호수아를 가리키는 말이 아니었다. 엘리야도, 예레미야도 아니었다(신 34:10). 바로 단 한 사람, 예수 그리스도를 가리켰다. 사도행전은 이 예언이 예수님 안에서 성취되었음을 분명히 말한다.

> 모세가 말하되 주 하나님이 너희를 위하여 너희 형제 가운데서 나 같은 선지자 하나를 세울 것이니 너희가 무엇이든지 그의 모든 말을 들을 것이라 누구든지 그 선지자의 말을 듣지 아니하는 자는 백성 중에서 멸망 받으리라 하였고 행 3:22,23

예수님은 인간 선지자도, 선지자 같은 분도 아니셨다. 그분은 말씀 그 자체셨다(요 1:14). 예수님은 하나님의 말씀을 단순히 전하기만 하지 않으시고, 그 뜻을 몸으로 성취하셨다. 참 선지자의 기준을 완벽하게 이루셨다(신 18장). 자신의 살과 피로 모세와 같은 선지자를 일으키신다는 예언을 완성하셨다(신 18:15).

> 그 길은 우리를 위하여 휘장 가운데로 열어놓으신 새로운 살길이요 휘장은 곧 그의 육체니라 히 10:20

대선지서 성경통독을 시작하며

말씀은 종이에만 쓰여 있는 게 아니었다. 예수님의 몸, 십자가에서 실현된 고통과 죽음, 부활과 승리를 통해 완성되었다. 선지서를 읽으며 하나님의 진노와 사랑이 어디서, 어떻게 하나 되는지를 보자. 그분의 격정적 감정 앞에 나도 서보자.

선지서의 모든 긴장은 십자가에서 해결되었다. 하나님은 심판하시되 버리지 않으셨고, 진노하시되 끝내 품으셨다. 하나님의 마음이 찢긴 곳에 예수님의 찢긴 몸이 서 계셨다. 그래서 선지서를 읽는 것 역시 예수 그리스도를 만나는 일이다.

우리는 더 이상 '또 다른 선지자'를 기다리지 않아도 된다. 예수 그리스도께서 마지막 선지자로, 궁극의 말씀으로 우리에게 오셨기 때문이다.

이 모든 날 마지막에는 아들을 통하여 우리에게 말씀하셨으니

히 1:2

하나님은 더 이상 누군가를 통해 말씀하지 않으신다. 이미 아들을 통해, 십자가와 부활을 통해, 단번에, 완전하게 말씀하셨다.

이렇게 기도하며 선지서를 열자.

"주님, 말씀의 끝에서 찢기신 예수 그리스도의 몸을 만나게 하소서. 이 말씀이 제게도 임하게 하소서. 저를 찢게 하소서. 예수님의 이름으로 기도합니다. 아멘!"

실천 과제

❶ 대선지서 성경통독을 시작하자

선지서는 하나님의 마음이 터져 나온 호소문이자 심판과 회복의 말씀이다. 우리의 거짓을 드러내고, 우리에게 회개를 촉구하며, 우리로 예수 그리스도를 향하게 한다. 참 선지자이신 예수님의 눈으로 선지서를 통독하자.

❷ 암송 요절

여인이 어찌 그 젖 먹는 자식을 잊겠으며
자기 태에서 난 아들을 긍휼히 여기지 않겠느냐
그들은 혹시 잊을지라도
나는 너를 잊지 아니할 것이라 사 49:15

❸ 함께 신앙생활을 하는 사람들에게 말해보자

"모든 선지자는 예수 그리스도를 예언했습니다. 예수님은 거짓을 단호히 꾸짖으시고, 진리를 끝까지 지켜내신 참 선지자십니다. 선지서를 통독하며 예수님이 누구신지 알아봅시다."

11 소선지서: 예수님은 왜 구원하실까?

오라 우리가 여호와께로 돌아가자
여호와께서 우리를 찢으셨으나 도로 낫게 하실 것이요
우리를 치셨으나 싸매어 주실 것임이라

호 6:1

선지자들의 목소리

호세아서부터 말라기서까지 12권의 짧은 책을 '소선지서'라고 부른다. 소선지서는 대선지서보다 짧지만 내용은 결코 가볍지 않다. 히브리 성경에서는 이를 하나의 두루마리로 묶어 '12 예언자'로 불렀고, 신약 시대에도 1권으로 취급했다. 구약성경은 이 12 선지자의 목소리로 마무리된다.

이들이 활동한 시대는 북이스라엘의 멸망, 남유다의 몰락, 포로기와 귀환기에 이르기까지 400년이 넘는다. 이들은 '예언자'라는 직분의 마지막 세대이자 '오실 그분'을 예비한 자들이었다.

이들의 공통 메시지는 "돌아오라"였다. 우상숭배, 정의의 왜곡, 제사의 형식화, 영적 무지로 길을 잃은 이스라엘 백성에게 "하나님께 돌아오라"라고 반복해서 외쳤다.

이 부름의 끝에는 '한 사람'이 있었다. 참된 회복은 다윗의 혈통에서 오실 이가 친히 이루실 것이었다.

하나님의 본심

사랑은 한 가지 감정이 아니다. 사랑과 미움, 확신과 두려움, 기쁨 속에 깃든 책임감 등이 그렇다. 예를 들어, 아내가 내 마음을 몰라주면 속상하다. 사랑하기에 더 서운하고 밉기까지 하다. 하지만 그건 관계를 끊고 싶은 미움이 아니다. 더 가까워지고 싶은 갈망에서 비롯된 감정이다.

나는 헤브론 원형학교로 가는 길에 그런 감정을 느낀 적이 있다. 수업을 열심히 준비했기에 자신감이 넘쳤지만, 사랑하는 학생들에게 내 수업이 도움 되길 바라는 마음이 큰 나머지 긴장감도 따라왔다. 첫 아이가 태어났을 때도 그랬다. 이루 말할 수 없이 기뻤지만, 한 생명을 책임져야 한다는 두려움도 따랐다.

선지서에는 하나님의 마음이 이런 감정의 결로 나타난다. 유대 신학자인 아브라함 J. 헤셀은 《예언자들》(The Prophets)에서 이를 '하나님의 파토스'(πάθος, 고통, 격렬한 감정)

라고 불렀다. 하나님의 감정은 냉철한 절대자의 분노가 아니다. 사랑으로 불타는 아버지의 절절한 심정이다. 그분의 분노에는 슬픔이, 책망에는 회복으로의 초대가 늘 담겨 있다. 이는 사랑의 양가감정과 비슷하다.

호세아서 6장을 예로 들어보자. 하나님은 호세아에게 음녀 고멜을 아내로 맞으라고 하신다. 그 충격적인 명령 속에는 이스라엘을 향한 하나님의 마음이 녹아 있다. 선지자가 외친다.

"오라 우리가 여호와께로 돌아가자…"(1절).

이에 하나님의 백성이 그분께 돌아가겠노라 다짐한다. 하지만 그것이 말뿐임을 아시기에 하나님은 탄식하신다.

"에브라임아 내가 네게 어떻게 하랴 … 너희의 인애가 아침 구름이나 쉬 없어지는 이슬 같도다"(4절).

돌아오라고 외치면서도 백성의 신실하지 못함에 탄식하시는 하나님. 이 복합적인 감정의 폭발이 바로 하나님의 양가감정, '파토스'다. 하나님은 계속 말씀을 보내신다.

"그래서 내가 예언자들을 보내어 너희를 산산조각 나게 하였으며, 나의 입에서 나오는 모든 말로 너희를 죽였고, 나의 심판이 너희 위에서 번개처럼 빛났다"(5절, 새번역).

무서운 말씀이지만, 그분의 본심은 심판이 아니다. 백성이 거짓된 신실함에 머무르지 않도록 아프더라도 찔러 일

깨우신다. 죽이려는 게 아니라 살리기 위해 징계하신다. 미움처럼 보이지만, 이는 죽음의 잠에서 깨우려는 사랑이다.

선지자들이 외친 심판에는 하나님의 본심이 가득하다. 사랑하기에 몰아치는 하나님의 파토스가 선지자들을 통해 드러난다. 차가운 신탁이 아닌 뜨거운 심장으로 외친 하나님의 사랑이 지금도 소선지서 안에 울려 퍼지고 있다.

하나님의 마음을 품은 사람들

하나님의 파토스는 개념이 아니다. 이는 사람의 몸을 입고 죄인 사이를 헤집는 실체다. 하나님의 마음이 육화되어 선지자들의 인생을 가르고 나타났다. 마치 그들은 하나님의 마음에 감염된 것 같았다. 하나님의 아픔이 그들의 눈물로 흘러나왔고, 하나님의 진노가 그들의 외침으로 터져 나왔다. 소선지서에는 그 12개의 심장이 뛰고 있다.

성경은 예수님을 증언하기 위해 기록되었다(요 5:39). 소선지서도 예외가 아니다. 심판을 선언하고, 회개를 촉구하고, 소망을 노래한 선지자들의 메시지는 궁극적으로 한 분을 향한다. 바로 인간의 죄를 대신해 찢기실 메시아, 하나님의 파토스를 온몸으로 받아내실 구속자, 예수 그리스도시다.

1. 호세아서

우리를 버리실 수 없는 하나님의 사랑을 노래한다. 고멜의 불륜에도 끝내 이혼하지 않으신 하나님의 마음은 자신을 내어준 십자가의 사랑으로 성취된다(호 3:1-5, 요 3:16).

2. 요엘서

'주의 날'을 외친다. 메뚜기 재앙과 불 심판은 마지막 날을 상징한다. 그러나 그날 이후 성령이 부어질 것을 예언한다(욜 2:28). 이 예언은 오순절 성령 강림으로 성취된다(행 2:16-21). 성령은 십자가 이후에 임한 그리스도의 선물이다.

3. 아모스서

무너진 다윗의 장막이 회복될 것을 예언한다(암 9:11). 다윗의 참된 후손, 영원한 왕으로 오신 예수 그리스도께서 이 약속을 이루셨다(행 15:16).

4. 오바댜서

에돔의 교만을 심판한다. 그러나 그 끝에서 "나라가 여호와께 속하리라"라고 예언한다(옵 1:21). 이는 세상의 모든 권세가 그리스도께 돌아올 것을 계시하는 복음의 선포가 되었다(계 11:15).

5. 요나서

예수님이 3일간 물고기 배 속에 갇혔다가 살아난 요나를 가리켜 말씀하셨다. "요나가 밤낮 사흘 동안 큰 물고기 뱃속에 있었던 것같이 인자도 밤낮 사흘 동안 땅속에 있으리라"(마 12:40). 요나는 그리스도의 죽음과 부활을 미리 보여준 선지자였다.

6. 미가서

메시아가 탄생할 장소를 정확히 예언한다. "베들레헴 에브라다야 … 이스라엘을 다스릴 자가 네게서 내게로 나올 것이라"(미 5:2). 마태는 이 말씀을 예수님의 탄생으로 연결했다(마 2:6). 미가는 세상의 구원이 어디서 시작될지를 예견한 선지자였다.

7. 나훔서

니느웨의 멸망을 노래하지만, 서두에서 복음을 전하는 발걸음을 예언한다(나 1:15). 이 말씀은 이사야서에도 동일하게 등장하며, 바울에게도 이어진다(사 52:7, 롬 10:15). 십자가의 복음을 전하는 자의 발걸음은 예수님의 복음을 향해 예비된 것이었다.

8. 하박국서

"의인은 그의 믿음으로 말미암아 살리라"라고 선언한다(합 2:4). 바울은 이 말씀을 구원의 원리로 인용했다(롬 1:17). 예수 그리스도를 믿는 믿음만이 우리를 생명으로 인도한다.

9. 스바냐서

"너의 하나님 여호와가 너의 가운데에 계시니…"라며 기뻐 노래하시는 하나님을 보여준다(습 3:17). 이것은 "임마누엘", 곧 "하나님이 우리와 함께 계시다"라는 예수님의 이름으로 완성되었다(마 1:23).

10. 학개서

성전의 영광을 예언한다(학 2:9). 이것은 궁극적인 성전이신 예수님을 뜻했다(요 2:21). 그분 안에서 하나님의 임재는 더 이상 건물에 국한되지 않고, 사람 안에 머물게 되었다.

11. 스가랴서

명확한 메시아 예언을 남겼다. "보라 네 왕이 네게 임하시나니 … 겸손하여서 나귀를 타시나니 … 곧 나귀 새끼니라"(슥 9:9). 예수님의 예루살렘 입성은 이 예언의 성취였다(마 21:5). 또한 "그들이 그 찌른 바 그를 바라보고…"(슥 12:10)

라는 말씀은 십자가에서 피 흘리신 메시아, 예수님을 가리켰다.

12. 말라기서

구약의 마지막 책으로 '주의 길을 예비할 자'를 예언한다(말 3:1). 이 말씀은 세례 요한에게 적용되어, 그는 예수님이 오시기 직전에 나타나 회개의 세례를 외치며 사람들의 마음을 준비시켰다. 예수님은 "내가 내 사자를 네 앞에 보내노니 그가 네 길을 네 앞에 준비하리라"라는 말씀이 세례 요한을 두고 하신 예언임을 직접 밝히셨다(마 11:10). 말라기는 예수님이 오시기 전 마지막 선지자로서 예수님의 길을 여는 첫 외침을 기록했다.

양가감정의 클라이맥스, 십자가

심판과 구원을 동시에 외치는 건 모순이 아닌 사랑이다. "돌아오라" 외치면서도 그들이 떠날 것을 아시고 또다시 말씀을 보내시는 하나님의 모습은 상처 입을 걸 알면서도 아내를 되찾아왔던 신실한 남편 호세아와 같다.

이스라엘은 수없이 떠났고, 하나님은 한없이 기다리셨다. 이 반복의 종착역은 어디일까? 하나님은 손바닥 뒤집듯

쉽게 바뀌는 죄인들의 사랑, 새벽이슬 같은 인애에 다시는 속지 않으리라 선언하셨다. 그리고 마지막 카드를 꺼내셨다. 바로 예수 그리스도시다.

예수님은 선지자들의 외침을 모두 품고 오셨다. 또 다른 선지자로 오신 게 아니었다. 그분은 하나님의 본심을 자기 존재로 증명하셨다. 요한복음은 그분이 '하나님의 말씀'(λόγος, 로고스)이라고 선언한다(요 1:1). 하나님은 선지자를 더 보내지 않고 직접 오셨다. 이로써 호세아의 "여호와께로 돌아가자"라는 외침은 "예수님을 따라가라"라는 부르심으로 바뀌었다. 더는 하나님과 사람 사이의 선지자를 기다릴 필요가 없다. 하나님 자신이 말씀으로 오셨기 때문이다.

예수 그리스도의 십자가 사건은 하나님 마음의 정점이다. 죄인은 심판받아야 마땅하다. 공의의 하나님께서는 죄를 놔두실 수 없다. 그러나 그 죄인을 사랑하신다. 당신을 떠난 자를 향한 사랑이 너무 깊으시다. 그래서 하나님은 죄인을 향한 심판의 분노와 그를 구원하고자 하시는 사랑을 동시에 드러내셨다. 공의의 칼날이 예수 그리스도께 꽂힘으로써, 사랑의 구원이 예수 그리스도와 믿음으로 연합된 죄인들에게 열렸다.

죄인들을 향한 하나님의 구원은 단순한 호의나 관용이 아니다. 독생자를 찢으시기까지 사랑하시는 그분의 마음이다. 하늘 아버지께서는 단 한 번도 이 마음을 감추지 않으셨다. 선지자들의 입을 통해 드러내셨고, 전심으로 우리를 대하셨다. 언제나 뜨거웠고, 언제나 상처 입으셨다.

예수님의 십자가는 하나님의 파토스의 클라이맥스였다. 진노와 자비가 십자가 위에 모두 있었다. 십자가가 아니고서는 선지자들의 "돌아오라"라는 외침도, "너희를 고치리라"라는 약속도 미완으로 남았을 것이다. 그러나 하나님은 말뿐인 분이 아니셨다. 자기 아들을 내어주셨고, 모든 예언을 성취하셨다.

소선지서 통독을 시작하며

소선지서는 책 하나하나가 짧고, 문체도 시적이며, 시대 배경도 제각각이다. 그러나 통독적 관점, 곧 '예수 그리스도'라는 이름으로 읽으면 하나로 꿰어진다. 하나님은 소선지자를 통해서도 같은 진리를 외치셨다.

죄는 무겁다. 반드시 심판받는다. 그러나 하나님은 구원하길 원하신다. 그분은 외면하지 않으신다. 때로는 엄중히 경고하시고, 때로는 부드럽게 타이르신다. 그 목적은 동일하다. 한 분 예수 그리스도를 통해 세상을 살리시려는 구원과 사랑의 본심을 미리 보여주는 것이다.

실천 과제

❶ 소선지서 성경통독을 시작하자

12권의 짧은 책을 넘기며, 그 안에 흐르는 하나님의 마음을 느껴보자. 하나님의 파토스를 기억하며 예수 그리스도를 발견하자. 믿음이 다시 살아날 것이다.

❷ 암송요절

오라 우리가 여호와께로 돌아가자
여호와께서 우리를 찢으셨으나 도로 낫게 하실 것이요
우리를 치셨으나 싸매어 주실 것임이라 호 6:1

❸ 함께 신앙생활을 하는 사람들에게 말해보자

"예수님은 심판 가운데서도 구원을 이루시는 분입니다. 죄인을 향한 하나님의 긍휼을 입고 살아가는 우리는 그 자비를 다른 이에게 전해야 합니다. 주님이 당신에게 하나님 알기를 요구하십니다. 소선지서 통독을 통해 그분의 마음을 알아갑시다."

Part 3

신구약 중간기

1 그러므로 이제 그리스도 예수 안에 있는 자에게는 결코 정죄함이 없나니 2 이는 그리스도 예수 안에 있는 생명의 성령의 법
이 죄와 사망의 법에서 너를 해방하였음이라 3 율법이 육신으로 말미암아 연약하여 할 수 없는 그것을 하나님은 하시나니 곧
죄로 말미암아 자기 아들을 죄 있는 육신의 모양으로 보내어 육신에 죄를 정하사 4 육신을 따르지 않고 그 영을 따라 행하는 우
리에게 율법의 요구가 이루어지게 하려 하심이니라 5 육신을 따르는 자는 육신의 일을, 영을 따르는 자는 영의 일을 생각하나
니 6 육신의 생각은 사망이요 영의 생각은 생명과 평안이니라 7 육신의 생각은 하나님과 원수가 되나니 이는 하나님의 법에 굴
복하지 아니할 뿐 아니라 할 수도 없음이라 8 육신에 있는 자들은 하나님을 기쁘시게 할 수 없느니라 9 만일 너희 속에 하나
님의 영이 거하시면 너희가 육신에 있지 아니하고 영에 있나니 누구든지 그리스도의 영이 없으면 그리스도의 사람이 아니라
10 또 그리스도께서 너희 안에 계시면 몸은 죄로 말미암아 죽은 것이나 영은 의로 말미암아 살아 있는 것이니라 11 예수를 죽
은 자 가운데서 살리신 이의 영이 너희 안에 거하시면 그리스도 예수를 죽은 자 가운데서 살리신 이가 너희 안에 거하시는 그
의 영으로 말미암아 너희 죽을 몸도 살리시리라 12 그러므로 형제들아 우리가 빚진 자로되 육신에게 져서 육신대로 살 것이 아
니니라 13 너희가 육신대로 살면 반드시 죽을 것이로되 영으로써 몸의 행실을 죽이면 살리니 14 무릇 하나님의 영으로 인도함
을 받는 사람은 곧 하나님의 아들이라 15 너희는 다시 무서워하는 종의 영을 받지 아니하고 양자의 영을 받았으므로 우리가 아
빠 아버지라고 부르짖느니라 16 성령이 친히 우리의 영과 더불어 우리가 하나님의 자녀인 것을 증언하시나니 17 자녀이면 또
한 상속자 곧 하나님의 상속자요 그리스도와 함께 한 상속자니 우리가 그와 함께 영광을 받기 위하여 고난도 받아야 할 것이니
라 18 생각하건대 현재의 고난은 장차 우리에게 나타날 영광과 비교할 수 없도다 19 피조물이 고대하는 바는 하나님의 아들들
이 나타나는 것이니 20 피조물이 허무한 데 굴복하는 것은 자기 뜻이 아니요 오직 굴복하게 하시는 이로 말미암음이라 21 그 바
라는 것은 피조물도 썩어짐의 종 노릇 한데서 해방되어 하나님의 자녀들의 영광의 자유에 이르는 것이니라 22 피조물이 다 이
제까지 함께 탄식하며 함께 고통을 겪고 있는 것을 우리가 아느니라 23 그뿐 아니라 또한 우리 곧 성령의 처음 익은 열매를 받
은 우리까지도 속으로 탄식하여 양자 될 것 곧 우리 몸의 속량을 기다리느니라 24 우리가 소망으로 구원을 얻었으매 보이는 소
망이 소망이 아니니 보는 것을 누가 바라리요 25 만일 우리가 보지 못하는 것을 바라면 참음으로 기다릴지니라 26 이와 같이 성
령도 우리의 연약함을 도우시나니 우리는 마땅히 기도할 바를 알지 못하나 오직 성령이 말할 수 없는 탄식으로 우리를 위하
여 친히 간구하시느니라 27 마음을 살피시는 이가 성령의 생각을 아시나니 이는 성령이 하나님의 뜻대로 성도를 위하여 간구
하심이니라 28 우리가 알거니와 하나님을 사랑하는 자 곧 그의 뜻대로 부르심을 입은 자들에게는 모든 것이 합력하여 선을 이
루느니라 29 하나님이 미리 아신 자들을 또한 그 아들의 형상을 본받게 하기 위하여 미리 정하셨으니 이는 그로 많은 형제 중
에서 맏아들이 되게 하려 하심이니라 30 또 미리 정하신 그들을 또한 부르시고 부르신 그들을 또한 의롭다 하시고 의롭다 하
신 그들을 또한 영화롭게 하셨느니라 31 그런즉 이 일에 대하여 우리가 무슨 말 하리요 만일 하나님이 우리를 위하시면 누가 우
리를 대적하리요 32 자기 아들을 아끼지 아니하시고 우리 모든 사람을 위하여 내주신 이가 어찌 그 아들과 함께 모든 것을 우
리에게 주시지 아니하겠느냐 33 누가 능히 하나님께서 택하신 자들을 고발하리요 의롭다 하신 이는 하나님이시니 34 누가 정
죄하리요 죽으실 뿐 아니라 다시 살아나신 이는 그리스도 예수시니 그는 하나님 우편에 계신 자요 우리를 위하여 간구하시는
자시니라 35 누가 우리를 그리스도의 사랑에서 끊으리요 환난이나 곤고나 박해나 기근이나 적신이나 위험이나 칼이랴 36 기
록된 바 우리가 종일 주를 위하여 죽임을 당하게 되며 도살 당할 양 같이 여김을 받았나이다 함과 같으니라 37 그러나 이 모
든 일에 우리를 사랑하시는 이로 말미암아 우리가 넉넉히 이기느니라 38 내가 확신하노니 사망이나 생명이나 천사들이나 권
세들이나 현재 일이나 장래 일이나 능력이나 39 높음이나 깊음이나 다른 어떤 피조물이라도 우리를 우리 주 그리스도 예수 안
에 있는 하나님의 사랑에서 끊을 수 없으리라 로마서 8장 1 그러므로 이제 그리스도 예수 안에 있는 자에게는 결코 정죄함이 없
나니 2 이는 그리스도 예수 안에 있는 생명의 성령의 법이 죄와 사망의 법에서 너를 해방하였음이라 3 율법이 육신으로 말미
암아 연약하여 할 수 없는 그것을 하나님은 하시나니 곧 죄로 말미암아 자기 아들을 죄 있는 육신의 모양으로 보내어 육신에
죄를 정하사 4 육신을 따르지 않고 그 영을 따라 행하는 우리에게 율법의 요구가 이루어지게 하려 하심이니라 5 육신을 따르
는 자는 육신의 일을, 영을 따르는 자는 영의 일을 생각하나니 6 육신의 생각은 사망이요 영의 생각은 생명과 평안이니라 7 육
신의 생각은 하나님과 원수가 되나니 이는 하나님의 법에 굴복하지 아니할 뿐 아니라 할 수도 없음이라 8 육신에 있는 자들은
하나님을 기쁘시게 할 수 없느니라 9 만일 너희 속에 하나님의 영이 거하시면 너희가 육신에 있지 아니하고 영에 있나니 누구
든지 그리스도의 영이 없으면 그리스도의 사람이 아니라 10 또 그리스도께서 너희 안에 계시면 몸은 죄로 말미암아 죽은 것이
나 영은 의로 말미암아 살아 있는 것이니라 11 예수를 죽은 자 가운데서 살리신 이의 영이 너희 안에 거하시면 그리스도 예수
를 죽은 자 가운데서 살리신 이가 너희 안에 거하시는 그의 영으로 말미암아 너희 죽을 몸도 살리시리라 12 그러므로 형제들
아 우리가 빚진 자로되 육신에게 져서 육신대로 살 것이 아니니라 13 너희가 육신대로 살면 반드시 죽을 것이로되 영으로써 몸
의 행실을 죽이면 살리니 14 무릇 하나님의 영으로 인도함을 받는 사람은 곧 하나님의 아들이라 15 너희는 다시 무서워하는 종
의 영을 받지 아니하고 양자의 영을 받았으므로 우리가 아빠 아버지라고 부르짖느니라 16 성령이 친히 우리의 영과 더불어 우
리가 하나님의 자녀인 것을 증언하시나니 17 자녀이면 또한 상속자 곧 하나님의 상속자요 그리스도와 함께 한 상속자니 우리
가 그와 함께 영광을 받기 위하여 고난도 받아야 할 것이니라 18 생각하건대 현재의 고난은 장차 우리에게 나타날 영광과 비
교할 수 없도다 19 피조물이 고대하는 바는 하나님의 아들들이 나타나는 것이니 20 피조물이 허무한 데 굴복하는 것은 자기 뜻
이 아니요 오직 굴복하게 하시는 이로 말미암음이라 21 그 바라는 것은 피조물도 썩어짐의 종 노릇 한데서 해방되어 하나님
의 자녀들의 영광의 자유에 이르는 것이니라 22 피조물이 다 이제까지 함께 탄식하며 함께 고통을 겪고 있는 것을 우리가 아
느니라 23 그뿐 아니라 또한 우리 곧 성령의 처음 익은 열매를 받은 우리까지도 속으로 탄식하여 양자 될 것 곧 우리 몸의 속
량을 기다리느니라 24 우리가 소망으로 구원을 얻었으매 보이는 소망이 소망이 아니니 보는 것을 누가 바라리요 25 만일 우
리가 보지 못하는 것을 바라면 참음으로 기다릴지니라 26 이와 같이 성령도 우리의 연약함을 도우시나니 우리는 마땅히 기도
할 바를 알지 못하나 오직 성령이 말할 수 없는 탄식으로 우리를 위하여 친히 간구하시느니라 27 마음을 살피시는 이가 성령
의 생각을 아시나니 이는 성령이 하나님의 뜻대로 성도를 위하여 간구하심이니라 28 우리가 알거니와 하나님을 사랑하는 자
곧 그의 뜻대로 부르심을 입은 자들에게는 모든 것이 합력하여 선을 이루느니라 29 하나님이 미리 아신 자들을 또한 그 아들
의 형상을 본받게 하기 위하여 미리 정하셨으니 이는 그로 많은 형제 중에서 맏아들이 되게 하려 하심이니라 30 또 미리 정하
신 그들을 또한 부르시고 부르신 그들을 또한 의롭다 하시고 의롭다 하신 그들을 또한 영화롭게 하셨느니라 31 그런즉 이 일
에 대하여 우리가 무슨 말 하리요 만일 하나님이 우리를 위하시면 누가 우리를 대적하리요 32 자기 아들을 아끼지 아니하시
고 우리 모든 사람을 위하여 내주신 이가 어찌 그 아들과 함께 모든 것을 우리에게 주시지 아니하겠느냐 33 누가 능히 하나님
께서 택하신 자들을 고발하리요 의롭다 하신 이는 하나님이시니 34 누가 정죄하리요 죽으실 뿐 아니라 다시 살아나신 이는 그
리스도 예수시니 그는 하나님 우편에 계신 자요 우리를 위하여 간구하시는 자시니라 35 누가 우리를 그리스도의 사랑에서 끊
으리요 환난이나 곤고나 박해나 기근이나 적신이나 위험이나 칼이랴 36 기록된 바 우리가 종일 주를 위하여 죽임을 당하게 되
며 도살 당할 양 같이 여김을 받았나이다 함과 같으니라 37 그러나 이 모든 일에 우리를 사랑하시는 이로 말미암아 우리가 넉
넉히 이기느니라 38 내가 확신하노니 사망이나 생명이나 천사들이나 권세들이나 현재 일이나 장래 일이나 능력이나 39 높음이
나 깊음이나 다른 어떤 피조물이라도 우리를 우리 주 그리스도 예수 안에 있는 하나님의 사랑에서 끊을 수 없으리라 로마서 8장

12 신구약 중간기: 하나님은 왜 침묵하셨을까?

때가 차매 하나님이 그 아들을 보내사 여자에게서 나게 하시고
율법 아래에 나게 하신 것은
갈 4:4

때가 차매

성경은 전체 이야기로 읽어야 하기에 장과 장 사이에 흐르는 '시간'도 함께 읽을 줄 알아야 한다.

말라기서의 마지막 구절에서 책장을 넘기면 마태복음 1장이 나온다. 그러나 그사이 무려 400년이 흘렀다. 이 시간을 '신구약 중간기'라고 부른다. 공백처럼 보이지만, 하나님의 시간에서는 그렇지 않았다.

하나님은 그 시간에도 일하셨다. 하나님의 시간은 인간의 시간처럼 빠르지도, 느리지도 않다. 그분은 항상 '때'에 맞춰 움직이신다. 이에 대해 성경은 "때가 차매"라고 표현했다. 이는 하나님의 때인 '카이로스', 곧 하나님의 타이밍

을 말한다. 하나님은 신구약 중간기를 준비의 시간으로 쓰셨다. 먼저는 구속사의 완성이신 예수 그리스도가 등장하실 무대를 준비하셨다. 또한 구약의 예언들이 성취될 토대를 다지셨고, 하나님나라를 선포할 언어와 길과 사람들을 예비하셨다. 신약성경은 이 준비된 무대 위에서 펼쳐진 복음의 드라마다.

왜 침묵하셨을까?

말라기서의 마지막 예언이 선포된 후, 선지자들의 입술은 닫혔다. 성전은 재건되었지만, 그 안에 하나님의 임재는 없었다. 하늘이 닫힌 듯했다. 말씀도 멈춘 듯했다. 유대 민족은 살아있었지만, 말씀이 들리지 않았다. 성경은 이 시기에 대해 아무 말도 하지 않는다. 질문이 생긴다.

'하나님은 왜 아무 말씀도 하지 않으셨을까?'

혹자는 이 400년의 침묵을 하나님의 마음이 멀어진 결과로 오해하기도 한다. 그러나 이 침묵마저 성경의 일부다.

하나님은 멈추신 적이 없었다. 말씀이 보이지 않았던 그 시기에 하나님은 보이지 않는 방식으로 가장 중요한 일을 준비하셨다. 출산을 앞둔 산모의 마지막 호흡처럼 한 아기의 울음이 터지기 직전, 하늘은 숨을 참고 있었다.

어떤 일들이 일어났는가?

그 시기에 유다는 바벨론 포로에서 돌아왔지만 여전히 독립하지 못하고, 페르시아, 그리스, 시리아, 로마의 지배를 연달아 받았다. 이 과정에서 메시아를 기다리는 소망은 뒤틀린 민족주의로 변질되었다. 율법은 점점 무거운 규칙이 되었고, 하나님나라는 보이지 않았다. 바로 그 영적 어둠이 신구약 중간기를 지배했다.

새벽 별처럼, 하나님은 때가 차길 기다리셨다. "때가 차매"(갈 4:4)는 하나님의 구속사적 시계가 정확히 도달한 지점이었다. 로마의 도로가 연결되고, 공용어가 퍼지고, 유대인의 신앙적 열망이 정점에 달했을 때, 하나님은 독생자를 보내셨다.

하나님은 선지자의 입술을 빌려 말씀하지 않으셨다. 대신 "아들"을 통해 말씀하셨다(히 1:2). 말씀이 사람이 되어 우리 가운데 거하게 하셨다(요 1:14).

성경통독 여정에서 이 침묵의 시간을 외면하면 신약을 얕게 읽을 수밖에 없다. 예수님의 등장 배경이 불분명한 채, 그분이 왜 그 시점에 오셨는지, 왜 그런 방식으로 일하셨는지를 놓치게 된다. 반대로 이 시간을 하나님나라의 준비기로 이해하면 깨달음이 깊어진다. 성경은 멈춘 적이 없다. 하나님의 시간은 구속을 향해 계속해서 흘렀다.

팍스 로마나

"때가 차매"(갈 4:4)라는 선언은 유대인의 상황뿐 아니라 세계사가 준비되었음을 나타낸다. 하나님은 한 민족의 하나님이 아닌 열방의 구속자이시기 때문이다.

신구약 중간기에 세계의 중심은 로마였다. 알렉산더 대왕이 일으킨 헬레니즘은 그리스어를 공용어로 퍼뜨렸고, 로마는 군사력과 행정력으로 지중해 세계를 하나로 묶었다. 도로가 생겼고 국경이 사라졌으며 문명이 연결되었다. 역사는 이를 로마의 황금기, '팍스 로마나'(Pax Romana)라고 부른다. 이는 '복음을 위한 길이 열린 시간'이기도 했다.

신약성경이 헬라어로 기록된 건 우연이 아니었다. 팍스 로마나의 언어가 바로 복음을 땅끝까지 퍼뜨릴 언어였다.

헬라어는 신구약 중간기에 수백 년간 다듬어졌다. 이는 지성과 영성의 개념을 담을 수 있는 철학적 언어이자 대중에게 친숙한 일상어였다. 따라서 당시 세계에서 가장 널리 쓰이던 언어로 신약성경이 기록된 것이었다. 이로써 복음은 국경을 넘을 준비를 마치게 되었다.

하나님은 복음을 전할 길도 준비하셨다. 바로 로마가 건설한 도로망이었다. 이 길은 팍스 로마나의 통치를 위해 건설되었지만, 하나님은 그 위로 복음의 걸음을 걷게 할 계획이셨다. 훗날 바울 사도가 이 길을 이용하여 아시아에서 유럽, 유럽에서 다시 로마로 복음을 들고 갈 수 있었다. 길이 닦인 덕분에 '예수 그리스도를 따르는 길'을 전할 수 있었다.

하나님은 복음을 전할 도시들도 준비하셨다. 로마 제국의 식민지들은 같은 시스템과 행정 질서를 따랐다. 도시에는 시장과 회당, 광장이 있었고, 그곳에서 공공 토론과 종교 활동이 활발히 이뤄졌다. 그렇게 마련된 삶의 중심에 복음이 뛰어들었다.

나사렛 예수 그리스도의 십자가 복음이 도시들을 거쳐 전 세계로 퍼져나갔다. 예루살렘, 안디옥, 에베소, 고린도, 로마에 이르기까지 모든 도시는 하나님의 때를 위해 준비된 무대였다.

신약성경으로 넘어가며

우리는 신약성경을 로마 제국의 무대 위에서 읽을 것이다. 하나님나라가 임하는 방식은 느리지만 철저하다. 하나님은 복음을 전할 사람뿐 아니라 복음을 담아낼 세계도 준비하신다. 그분은 복음을 선포할 언어, 복음이 걸어갈 길, 복음을 받아들일 시대적 기후도 함께 준비하셨다.

예수님은 로마 총독이던 헤롯 왕이 유다를 다스리던 시

절에 오셨다. 당시 유다는 로마 제국의 지배 아래 있었다. 유대 백성은 무거운 세금을 부담하며 로마 군대의 강압적 통제 속에 살아야 했다. 정치는 부패했고, 종교 지도자들은 민중 위에 군림했으며, 로마 권력층은 그들의 이익을 위해 백성을 억눌렀다. 그러나 하나님은 그 어두운 땅 한복판에 세상의 빛을 보내셨다.

때가 찼다. 하나님의 복음은 정치적 억압, 영적 갈증, 절망과 분노가 극에 달했던 그 시점에, 세상 한가운데로 들어왔다. 로마의 도로망은 넓게 뻗어 있었고, 헬라어는 널리 통용되었으며, 디아스포라 유대인들은 여러 도시에 흩어져 있었다. 복음을 빠르게, 멀리까지 전할 수 있는 길이 준비된 그 시점에 예수께서 이땅에 오셨다.

실천 과제

❶ 암송 요절

때가 차매 하나님이 그 아들을 보내사
여자에게서 나게 하시고
율법 아래에 나게 하신 것은 **갈 4:4**

❷ 함께 신앙생활을 하는 사람들에게 말해보자

"신구약 중간기에는 막이 오르기 직전의 고요함이 흐릅니다. 하나님은 헬라어, 로마의 도로, 유대인의 회당을 준비하셔서 복음이 온 세상에 퍼질 통로를 열어두셨습니다. 이 섭리가 당신을 향하고 있습니다. 하나님은 침묵 속에서도 당신의 살길을 예비하십니다. 복음은 역사 속 실제 사건이며, 당신에게 꼭 필요한 하나님의 손길입니다."

Part 4

신약성경

1 그러므로 이제 그리스도 예수 안에 있는 자에게는 결코 정죄함이 없나니 2 이는 그리스도 예수 안에 있는 생명의 성령의 법
이 죄와 사망의 법에서 너를 해방하였음이라 3 율법이 육신으로 말미암아 연약하여 할 수 없는 그것을 하나님은 하시나니 곧
죄로 말미암아 자기 아들을 죄 있는 육신의 모양으로 보내어 육신에 죄를 정하사 4 육신을 따르지 않고 그 영을 따라 행하는 우
리에게 율법의 요구가 이루어지게 하려 하심이니라 5 육신을 따르는 자는 육신의 일을, 영을 따르는 자는 영의 일을 생각하나
니 6 육신의 생각은 사망이요 영의 생각은 생명과 평안이니라 7 육신의 생각은 하나님과 원수가 되나니 이는 하나님의 법에 굴
복하지 아니할 뿐 아니라 할 수도 없음이라 8 육신에 있는 자들은 하나님을 기쁘시게 할 수 없느니라 9 만일 너희 속에 하나
님의 영이 거하시면 너희가 육신에 있지 아니하고 영에 있나니 누구든지 그리스도의 영이 없으면 그리스도의 사람이 아니라
10 또 그리스도께서 너희 안에 계시면 몸은 죄로 말미암아 죽은 것이나 영은 의로 말미암아 살아 있는 것이니라 11 예수를 죽
은 자 가운데서 살리신 이의 영이 너희 안에 거하시면 그리스도 예수를 죽은 자 가운데서 살리신 이가 너희 안에 거하시는 그
의 영으로 말미암아 너희 죽을 몸도 살리시리라 12 그러므로 형제들아 우리가 빚진 자로되 육신에게 져서 육신대로 살 것이 아
니니라 13 너희가 육신대로 살면 반드시 죽을 것이로되 영으로써 몸의 행실을 죽이면 살리니 14 무릇 하나님의 영으로 인도함
을 받는 사람은 곧 하나님의 아들이라 15 너희는 다시 무서워하는 종의 영을 받지 아니하고 양자의 영을 받았으므로 우리가 아
빠 아버지라고 부르짖느니라 16 성령이 친히 우리의 영과 더불어 우리가 하나님의 자녀인 것을 증언하시나니 17 자녀이면 또
한 상속자 곧 하나님의 상속자요 그리스도와 함께 한 상속자니 우리가 그와 함께 영광을 받기 위하여 고난도 받아야 할 것이니
라 18 생각하건대 현재의 고난은 장차 우리에게 나타날 영광과 비교할 수 없도다 19 피조물이 고대하는 바는 하나님의 아들들
이 나타나는 것이니 20 피조물이 허무한 데 굴복하는 것은 자기 뜻이 아니요 오직 굴복하게 하시는 이로 말미암음이라 21 그 바
라는 것은 피조물도 썩어짐의 종 노릇 한데서 해방되어 하나님의 자녀들의 영광의 자유에 이르는 것이니라 22 피조물이 다 이
제까지 함께 탄식하며 함께 고통을 겪고 있는 것을 우리가 아느니라 23 그뿐 아니라 또한 우리 곧 성령의 처음 익은 열매를 받
은 우리까지도 속으로 탄식하여 양자 될 것 곧 우리 몸의 속량을 기다리느니라 24 우리가 소망으로 구원을 얻었으매 보이는 소
망이 소망이 아니니 보는 것을 누가 바라리요 25 만일 우리가 보지 못하는 것을 바라면 참음으로 기다릴지니라 26 이와 같이 성
령도 우리의 연약함을 도우시나니 우리는 마땅히 기도할 바를 알지 못하나 오직 성령이 말할 수 없는 탄식으로 우리를 위하
여 친히 간구하시느니라 27 마음을 살피시는 이가 성령의 생각을 아시나니 이는 성령이 하나님의 뜻대로 성도를 위하여 간구
하심이니라 28 우리가 알거니와 하나님을 사랑하는 자 곧 그의 뜻대로 부르심을 입은 자들에게는 모든 것이 합력하여 선을 이
루느니라 29 하나님이 미리 아신 자들을 또한 그 아들의 형상을 본받게 하기 위하여 미리 정하셨으니 이는 그로 많은 형제 중
에서 맏아들이 되게 하려 하심이니라 30 또 미리 정하신 그들을 또한 부르시고 부르신 그들을 또한 의롭다 하시고 의롭다 하
신 그들을 또한 영화롭게 하셨느니라 31 그런즉 이 일에 대하여 우리가 무슨 말 하리요 만일 하나님이 우리를 위하시면 누가 우
리를 대적하리요 32 자기 아들을 아끼지 아니하시고 우리 모든 사람을 위하여 내주신 이가 어찌 그 아들과 함께 모든 것을 우
리에게 주시지 아니하겠느냐 33 누가 능히 하나님께서 택하신 자들을 고발하리요 의롭다 하신 이는 하나님이시니 34 누가 정
죄하리요 죽으실 뿐 아니라 다시 살아나신 이는 그리스도 예수시니 그는 하나님 우편에 계신 자요 우리를 위하여 간구하시는
자시니라 35 누가 우리를 그리스도의 사랑에서 끊으리요 환난이나 곤고나 박해나 기근이나 적신이나 위험이나 칼이랴 36 기
록된 바 우리가 종일 주를 위하여 죽임을 당하게 되며 도살 당할 양 같이 여김을 받았나이다 함과 같으니라 37 그러나 이 모
든 일에 우리를 사랑하시는 이로 말미암아 우리가 넉넉히 이기느니라 38 내가 확신하노니 사망이나 생명이나 천사들이나 권
세들이나 현재 일이나 장래 일이나 능력이나 39 높음이나 깊음이나 다른 어떤 피조물이라도 우리를 우리 주 그리스도 예수 안
에 있는 하나님의 사랑에서 끊을 수 없으리라 로마서 8장 1 그러므로 이제 그리스도 예수 안에 있는 자에게는 결코 정죄함이 없
나니 2 이는 그리스도 예수 안에 있는 생명의 성령의 법이 죄와 사망의 법에서 너를 해방하였음이라 3 율법이 육신으로 말미
암아 연약하여 할 수 없는 그것을 하나님은 하시나니 곧 죄로 말미암아 자기 아들을 죄 있는 육신의 모양으로 보내어 육신에
죄를 정하사 4 육신을 따르지 않고 그 영을 따라 행하는 우리에게 율법의 요구가 이루어지게 하려 하심이니라 5 육신을 따르
는 자는 육신의 일을, 영을 따르는 자는 영의 일을 생각하나니 6 육신의 생각은 사망이요 영의 생각은 생명과 평안이니라 7 육
신의 생각은 하나님과 원수가 되나니 이는 하나님의 법에 굴복하지 아니할 뿐 아니라 할 수도 없음이라 8 육신에 있는 자들은
하나님을 기쁘시게 할 수 없느니라 9 만일 너희 속에 하나님의 영이 거하시면 너희가 육신에 있지 아니하고 영에 있나니 누구
든지 그리스도의 영이 없으면 그리스도의 사람이 아니라 10 또 그리스도께서 너희 안에 계시면 몸은 죄로 말미암아 죽은 것이
나 영은 의로 말미암아 살아 있는 것이니라 11 예수를 죽은 자 가운데서 살리신 이의 영이 너희 안에 거하시면 그리스도 예수
를 죽은 자 가운데서 살리신 이가 너희 안에 거하시는 그의 영으로 말미암아 너희 죽을 몸도 살리시리라 12 그러므로 형제들
아 우리가 빚진 자로되 육신에게 져서 육신대로 살 것이 아니니라 13 너희가 육신대로 살면 반드시 죽을 것이로되 영으로써 몸
의 행실을 죽이면 살리니 14 무릇 하나님의 영으로 인도함을 받는 사람은 곧 하나님의 아들이라 15 너희는 다시 무서워하는 종
의 영을 받지 아니하고 양자의 영을 받았으므로 우리가 아빠 아버지라고 부르짖느니라 16 성령이 친히 우리의 영과 더불어 우
리가 하나님의 자녀인 것을 증언하시나니 17 자녀이면 또한 상속자 곧 하나님의 상속자요 그리스도와 함께 한 상속자니 우리
가 그와 함께 영광을 받기 위하여 고난도 받아야 할 것이니라 18 생각하건대 현재의 고난은 장차 우리에게 나타날 영광과 비
교할 수 없도다 19 피조물이 고대하는 바는 하나님의 아들들이 나타나는 것이니 20 피조물이 허무한 데 굴복하는 것은 자기 뜻
이 아니요 오직 굴복하게 하시는 이로 말미암음이라 21 그 바라는 것은 피조물도 썩어짐의 종 노릇 한데서 해방되어 하나님
의 자녀들의 영광의 자유에 이르는 것이니라 22 피조물이 다 이제까지 함께 탄식하며 함께 고통을 겪고 있는 것을 우리가 아
느니라 23 그뿐 아니라 또한 우리 곧 성령의 처음 익은 열매를 받은 우리까지도 속으로 탄식하여 양자 될 것 곧 우리 몸의 속
량을 기다리느니라 24 우리가 소망으로 구원을 얻었으매 보이는 소망이 소망이 아니니 보는 것을 누가 바라리요 25 만일 우
리가 보지 못하는 것을 바라면 참음으로 기다릴지니라 26 이와 같이 성령도 우리의 연약함을 도우시나니 우리는 마땅히 기도
할 바를 알지 못하나 오직 성령이 말할 수 없는 탄식으로 우리를 위하여 친히 간구하시느니라 27 마음을 살피시는 이가 성령
의 생각을 아시나니 이는 성령이 하나님의 뜻대로 성도를 위하여 간구하심이니라 28 우리가 알거니와 하나님을 사랑하는 자
곧 그의 뜻대로 부르심을 입은 자들에게는 모든 것이 합력하여 선을 이루느니라 29 하나님이 미리 아신 자들을 또한 그 아들
의 형상을 본받게 하기 위하여 미리 정하셨으니 이는 그로 많은 형제 중에서 맏아들이 되게 하려 하심이니라 30 또 미리 정하
신 그들을 또한 부르시고 부르신 그들을 또한 의롭다 하시고 의롭다 하신 그들을 또한 영화롭게 하셨느니라 31 그런즉 이 일
에 대하여 우리가 무슨 말 하리요 만일 하나님이 우리를 위하시면 누가 우리를 대적하리요 32 자기 아들을 아끼지 아니하시
고 우리 모든 사람을 위하여 내주신 이가 어찌 그 아들과 함께 모든 것을 우리에게 주시지 아니하겠느냐 33 누가 능히 하나님
께서 택하신 자들을 고발하리요 의롭다 하신 이는 하나님이시니 34 누가 정죄하리요 죽으실 뿐 아니라 다시 살아나신 이는 그
리스도 예수시니 그는 하나님 우편에 계신 자요 우리를 위하여 간구하시는 자시니라 35 누가 우리를 그리스도의 사랑에서 끊
으리요 환난이나 곤고나 박해나 기근이나 적신이나 위험이나 칼이랴 36 기록된 바 우리가 종일 주를 위하여 죽임을 당하게 되
며 도살 당할 양 같이 여김을 받았나이다 함과 같으니라 37 그러나 이 모든 일에 우리를 사랑하시는 이로 말미암아 우리가 넉
넉히 이기느니라 38 내가 확신하노니 사망이나 생명이나 천사들이나 권세들이나 현재 일이나 장래 일이나 능력이나 39 높음이
나 깊음이나 다른 어떤 피조물이라도 우리를 우리 주 그리스도 예수 안에 있는 하나님의 사랑에서 끊을 수 없으리라 로마서 8장

13 사복음서: 예수님은 무엇을 하셨을까?

하나님이 사람이 되신 것은
우리를 하나님께 들어 올리기 위함이었다.
안셀무스

창조주가 이 땅에 오신다면

상상해 보자. 온 우주를 말씀으로 창조하신 하나님이 이 땅에 내려오신다면, 과연 무엇을 하실까? 만물의 권세를 손에 쥐신 분이 시공간의 경계를 뚫고 사람의 몸을 입고 오신다면, 어디에 가시고, 누구를 만나시고, 무엇을 하실까?

나일강을 핏빛으로 바꾸시고, 바벨론 왕들을 떨게 하신 하나님이 이 땅에 친히 오신다면, 세상을 뒤집는 거대한 기적이나 하늘을 가르는 심판이 있어야 할 것만 같다. 아니면, 로마를 무너뜨리고 유대를 해방하는 정치혁명을 이끄셔야 할 것 같다. 그것도 아니면, 예루살렘 성전을 중심으로 천군 천사를 동원해 세상을 다스리셔야 할 것 같다. 그게 창조주의 초림에 걸맞은 그림처럼 느껴진다. 그런데 그분은 그러지 않으셨다.

네 가지 시선

나사렛 예수로 오신 하나님은, 그 어떤 제국도 무너뜨리지 않으셨고 군대를 모으지도 않으셨다. 대제사장도, 바리새파도, 사두개파도 아닌 범인(凡人) 12명을 부르신 게 전부였다. 그것도 무명의 청년들을. 예수님은 그들을 '제자'로 삼으셨다.

그분은 이 땅에서 불과 3년 남짓한 공생애를 지내셨다. 그동안 이 12명과 함께 먹고 자고 동행하며 말씀을 전하셨다. 그분은 자신을 '하나님의 아들'로 밝히셨고, 자신의 삶과 죽음과 부활을 통해 하나님나라를 보여주셨다. 하나님이 이 땅에 오셔서 하신 일은 다름 아닌 '제자화'였다.

사복음서는 예수님을 네 가지 시선으로 조명한다. 마태는 그분이 '약속된 왕이심'을, 마가는 그분의 '고난받는 종의 모습'을, 누가는 '완전한 인간의 성품'을, 요한은 그분이 '본래 하나님이심'을 증언한다.

이처럼 복음서 4권이 서로 다른 시선으로 하나의 진리를 말한다. 예수님이 그리스도시라는 것과 하나님께서 사람의 몸을 입고 오셔서 제자들을 통해 세상을 바꾸셨다는 진실이다.

예수님의 제자화 전략

예수님은 제자들을 통해, 자신이 곧 길이요 진리요 생명임을 보여주셨고, 그들을 통해 세상을 변화시킬 계획을 세우셨다.

제자화의 목적은 성경통독의 목적과 같았다. 예수님의 공생애 사역의 핵심은 그분만이 참 구원자시며 "길이요 진리요 생명"(요 14:6)이심을 제자들로 믿게 하는 거였다. 이를 위해 가르치셨고, 보여주셨고, 때로는 강하게 꾸짖으셨다. 모두 제자들의 믿음을 단련시키기 위해서였다.

마태복음 14장을 보면, 오병이어의 기적 직후, 예수님은 새벽에 제자들을 거친 바다로 내보내신다. 갈릴리의 거센 풍랑 속에서 물 위를 걸어오신 예수님을 따라 베드로도 잠시 물 위를 걷지만, 곧 두려움에 빠져 가라앉는다. 그때 예수님이 즉시 손을 내밀어 그를 건지며 말씀하신다.

"믿음이 작은 자여 왜 의심하였느냐"(31절).

예수님은 제자들을 기적으로 인한 감격 속에 놔두지 않으셨다. 기적 이후에도 주님만 바라보는 믿음을 가르치셨다. 믿음 없는 제자들을 향한 예수님의 책망은 복음서 전체에 반복된다(막 4:40, 8:17). 예수님은 자신이 누구인지를 제자들이 분명히 믿을 때까지, 삶의 현장에서 계속 훈련하셨다(마 16:16).

예수님의 제자화는 한 가지 목적을 향했다. 제자들이 세상 속에서 흔들리지 않고, 오직 예수님만이 그리스도심을 붙들게 하는 거였다. 그 믿음 위에 교회가 세워졌고, 복음이 퍼져나갔다.

사복음서는 '예수님의 제자화 전략'을 조금씩 다른 빛으로 비춘다.

1. 마태복음: 왕이신 예수님

유대인을 위해 쓰인 이 책은 '왕이신 예수 그리스도께서 제자들을 통해 그분의 나라를 확장하신다'라는 메시지를 전한다. 마태는 예수님을 '다윗의 자손, 유대인의 왕'으로 소개한다. 그러나 그 왕은 예루살렘의 금으로 된 왕좌에 앉지 않으셨다. 오히려 병자 곁에 무릎을 꿇으셨고, 세리와 죄인의 집에서 그들과 함께 식사하셨다.

마태는 산상수훈(5장-7장), 비유들, 제자 파송 명령(10장),

지상명령(28장)까지 제자들을 훈련하시는 예수님의 모습을 구체적으로 기록한다.

2. 마가복음: 종이신 예수님

4권 중 가장 짧고 리듬이 빠른 복음서다. "즉시", "곧", "다시"와 같은 단어가 반복 등장하며 예수께서 얼마나 부지런하고도 겸손하게 사역하셨는지를 보여준다. 그분은 자신을 높이지 않고 죄인들을 섬기셨다.

마가는 종종 제자들을 무능하게 묘사한다. 예수님은 그런 자들과 끝까지 동행하셨고, 끝내 변화시키셨다. 죄인을 포기하지 않고 끝까지 섬기시는 주님의 '섬김의 제자화' 방식이 마가복음에 잘 나타난다.

3. 누가복음: 완전한 인간이신 예수님

이방인 출신 의사였던 누가는 예수님의 인성과 공감 능력에 초점을 맞췄다. 예수님은 부자에게도 다가가셨지만, 가난하고 병든 자, 고아와 과부, 세리와 창녀에게도 손을 내미셨다.

제자란 예수 그리스도의 부르심에 응답한 자다. 누가는 당시 여러모로 부족한 점이 많았던 제자들이 예수님의 삶과 사역을 경험하며 어떻게 변화되었는지를 기록했다. 그리고 복음서의 후속편인 사도행전에서 그 변화가 세계로 퍼져나간 과정까지 생생히 증언했다.

4. 요한복음: 말씀의 몸으로 오신 예수님

요한은 예수님을 '태초부터 계신 말씀', '로고스'로 소개한다. 예수님은 단지 인간이 아니라 본래 하나님이시며, 우리 가운데 거하기 위해 말씀이 육신 되어 오신 분이다(요 1:1-14).

요한복음에서 제자란 '예수님 안에 거하는 자'다. 가지가 포도나무에 붙어 있듯이 말씀을 통해 생명을 공급받는 존재가 제자다(요 15:1-5). 요한은 예수님의 가르침과 함께 그분의 존재 자체를 강조한다. 여기서 제자화란 '예수님 안에 사는 일'이다.

하나님은 군대나 제국이 아닌 제자 12명을 세우셨다. 그리고 그들도 세상 끝까지 복음을 전하게 하셨다. 이것이 하나님의 구원 전략이었다.

사복음서를 통독한다는 것은 이 제자화의 현장을 따라가는 일이다. 당시 예수님이 하신 방식은 지금도 유효하다. 그분은 우리에게도 동일하게 일하시기 때문이다.

예수님을 네 번 만나기

사복음서는 예수 그리스도의 제자화 이야기를 네 번 다룬다. 예수 그리스도 한 분을 네 번 반복해서 들려주는 셈이다. 1권이면 될 것을, 하나님은 왜 굳이 4권으로 주셨을까? 다음 세 가지 이유가 있다.

첫째, 예수님이 너무 크신 분이기 때문이다. 하나의 시선만으로는 그분을 충분히 담아낼 수 없다.

둘째, 우리가 예수님을 자세히 알아야 하기 때문이다. 구약성경은 오실 그분에 대한 실루엣을 조각조각 보여주고, 복음서는 그분이 누구신지를 한껏 드러낸다. 복음은 다양한 시선으로 접근할 때, 예수님의 모습이 한층 더 입체적으로 드러난다.

셋째, 복음의 특성 때문이다. 예수님의 탄생과 삶, 가르침과 기적, 고난과 죽음, 부활과 승천 그 모든 것이 모여 복음을 이룬다. 복음은 예수님의 십자가 죽음만을 말하지 않는다. 그분의 전 존재, 곧 하나님의 아들로서 이 땅에 오시고, 우리 가운데 거하시고, 말씀하시고, 사랑하시고, 죽으시고, 다시 살아나신 모든 여정이 바로 복음이다.

사복음서를 함께 읽는다는 건, 예수님을 한 점, 한 면, 한 시대에서 바라보는 게 아닌 전체적으로 조감하는 일이다. 그것이 성경통독의 관점이며 신약에 진입하는 길이다.

사복음서 통독을 시작하며

사복음서는 서로 다른 독자를 대상으로 한다. 마태복음은 예루살렘의 유대인을, 마가복음은 온 유대의 이방인을 포함한 독자를, 누가복음은 헬라 문화권의 이방인을, 요한복음은 그 외 전 세계인을 대상으로 쓰였다. 그러므로 사복음서를 통으로 읽음으로써 우리는 '예수님'이라는 분을 4개의 입체 렌즈로 만날 수 있다.

이런 다각적인 시각은 이어질 사도행전 1장 8절에서 말하는 "예루살렘과 온 유대와 사마리아와 땅끝까지"라는 선교적 맥락과 이어진다. 사복음서는 각각 복음이 선포될 땅의 방향성과 독자를 품고 있으며, 사도행전은 그 복음이 실제로 땅끝까지 퍼져가는 여정을 기록한다. 이러한 복음의 시작과 확장은 예수 그리스도를 통해 하나로 이어지는 구속사의 흐름이다.

그래서 사복음서를 통독한다는 것은 구속사의 주인공을 마침내 대면했다는 뜻이다. 한 사람, 예수 그리스도를 서로 다른 시각으로 읽어보자. 그분의 깊이, 너비, 높이, 길이를 발견할 것이다. 예수 그리스도의 복음의 입체적 광채를 체험할 것이다.

실천 과제

❶ 사복음서 성경통독을 시작하자

그리스도의 공생애 발자취를 따라가며 그분이 무엇을 하셨고, 왜 그러셨는지를 살펴보자. 이 여정은 성경 전체가 달려온 구속사의 정점에 서서 신약성경이 뻗어 나갈 기초를 밟는 일이다. 예수님의 발걸음을 따라가는 이 통독 여정이 우리를 복음의 중심으로 이끌어줄 것이다.

❷ 암송 요절

인자가 온 것은 섬김을 받으려 함이 아니라
도리어 섬기려 하고 자기 목숨을
많은 사람의 대속물로 주려 함이니라 막 10:45

❸ 함께 신앙생활을 하는 사람들에게 말해보자

"예수님의 삶은 복음의 핵심입니다. 말씀을 가르치시고, 병자를 고치시고, 죄인을 부르시며, 십자가로 향하신 예수님을 낱낱이 보여주는 책이 바로 사복음서입니다. 함께 통독하며 예수님이 오신 이유와 그분이 가신 복음의 길을 또 다른 이들에게 증언하고 가르치는 제자가 됩시다."

14 사도행전: 예수님은 교회를 왜 세우셨을까?

오직 성령이 너희에게 임하시면 너희가 권능을 받고
예루살렘과 온 유대와 사마리아와 땅끝까지 이르러
내 증인이 되리라 하시니라
행 1:8

교회의 시작

사복음서와 사도행전 사이에는 '예수님의 부활'과 '성령의 약속'이 있다. 예수님의 부활은 제자들에게 결정적 전환점이었다. 그들은 죽음을 이기신 예수님과 다시 동행하면서 그분이 진짜 하나님의 아들이심을 확신하게 되었고, 이전의 모든 두려움을 넘어서기 시작했다. 하지만 여전히 한 가지가 미완으로 남아 있었다. 바로 '능력'이었다. 이에 예수님은 "성령"을 보내리라 약속하셨다(행 1:8).

마침내 오순절에 성령이 임하셨다. 바람 소리처럼 오사 불의 혀처럼 각 사람 위에 머무신 성령께서(행 2:2,3) 제자들을 완전히 다른 존재로 변화시키셨다. 담대함을 부으시고,

성령의 충만함으로 선포하게 하시며, 공동체로서의 새로운 정체성을 갖게 하셨다. 성령의 권능이 주어진 그들은 '교회'가 되었다.

제자들은 성령세례를 받은 직후, 세상에 나가 예수님처럼 살며 또 다른 이들을 제자 삼기 시작했다. 그러자 성령의 임재가 모든 믿는 자에게 선물로 주어졌다.

교회는 제자화의 열매였다. 복음서에서는 예수님이 제자들을 세우셨고, 사도행전에서는 그들이 또 다른 제자들을 세웠다. 이것이 교회의 시작이었다. 교회는 조직이나 건물이 아닌 성령의 권능으로 시작되었다.

교회의 본질

예수님의 약속의 말씀은 교회의 본질을 보여준다.

오직 성령이 너희에게 임하시면 너희가 권능을 받고 예루살렘과 온 유대와 사마리아와 땅끝까지 이르러 내 증인이 되리라 하시니라 행 1:8

이 약속이 성취되었을 때, '교회행전'이 시작되었다. 이 약속 안에는 교회가 무엇인지, 어떻게 시작되는지에 대한 청사진이 있다. 먼저 교회가 어떤 공동체인지 살펴보자.

1. 교회란 성령님의 임재로 권능을 받은 사람들이다

교회는 건물도, 제도도 아닌 성령의 권능을 받은 사람들의 모임이다. 예수님의 약속처럼 제자들은 성령을 받아 권능을 입었고, 복음을 담대히 증거할 수 있는 교회로 변화했다.

2. 교회란 예루살렘과 유대와 사마리아와 땅끝까지 가는 사람들이다

교회는 본질적으로 '보냄 받은 자들'의 공동체다. 따라서 이들은 멈춰 있지 않고 역동적으로 움직인다. 교회행전은 예수님이 알려주신 말씀대로 이뤄졌다. 중심부에서 시작해 점차 확장되는 방사형 복음 운동이 교회가 나아갈 방향이었다.

3. 교회란 예수님의 증인들이다

교회는 예수 그리스도의 복음 중심 공동체다. 예수님의 생애, 죽음, 부활 그리고 다시 오심을 삶으로, 자기 존재로 증언하는 사람들이다.

교회는 어떻게 시작되었는가?

사도와 함께 모이사 그들에게 분부하여 이르시되 예루살렘을 떠나지 말고 내게서 들은 바 아버지께서 약속하신 것을 기다리라

행 1:4

제자들은 기다리라는 명령에 순종했다. 그들은 예수님의 말씀을 믿고 모여서 기도했다(행 1:13,14). 그리고 오순절이 이르렀을 때, 약속대로 성령이 임하셨다. 그러자 제자들은 각 나라 방언으로 복음을 전하기 시작했다.

그날 베드로는 통전적으로 설교했다. 이를 통해 3,000명이 회개하고 세례를 받았다. 그 공동체는 날마다 모여 "사도의 가르침을 받아 서로 교제하고 떡을 떼며 오로지 기도하기를" 힘썼다(행 2:42). 그것은 교회의 탄생일 뿐 아니라 확장이기도 했다.

이처럼 교회는 약속의 말씀을 믿고 기다리며 기도하는 가운데 성령의 임재로 시작되었다. 예수님의 말씀은 성령님의 임재로 순종자들에게 실제가 되었다. 그 실제는 또 다른 사람들을 변화시켰다. 그들이 또다시 세상을 바꾸기 시작했다.

사도행전의 세 가지 이름

사도행전은 사도들의 행적을 의미한다. 그러나 성경을 읽다 보면, 사도들만의 이야기가 아님을 알게 된다. 사도들이 따랐던 실제 리더십은 바로 성령님이셨다. 사도행전은 곧 '성령님의 사역 행전'이었다.

사도행전은 성령님의 임재로 시작하여 이후 모든 장면에서 그분이 주도권을 쥐고 움직이셨음을 잘 보여준다. 빌립을 사마리아로 이끄시고, 안디옥 교회에서 바울과 바나바를 따로 세우시고, 바울이 아시아로 가는 것을 막고 마게도냐로 보내신 분도 성령님이셨다(행 8:29, 13:2, 16:6-10). 제자들이 증인이 될 수 있었던 것도, 교회가 계속 세워진 것도 모두 성령님이 하신 일이었다. 그래서 사도행전은 '성령행전'이다.

또한, 성령님의 역사는 기도하는 자들을 통해 임했다. 성령행전은 기도 모임으로 시작되었다(행 1:14). 기도로 시작해 기도로 이어졌다. 성령세례뿐 아니라(2장) 담대한 복음 선포(4장)와 선교 파송(13장)도 모두 기도하는 중에 일어났다.

기도는 성령행전을 지속하는 사역 방법이었다. 복음을 전할 때, 위기를 만났을 때, 사역자들이 감옥에 갇혔을 때도 성령의 사람들인 교회는 계속 기도했다. 따라서 기도하는 교회의 역사인 사도행전을 '기도행전'이라고도 부른다.

게다가 사도행전은 교회가 어떻게 시작되었고, 어떻게 복음을 증거했으며, 어떻게 땅끝까지 나아갔는지를 보여주므로 '교회행전'이라고도 불린다.

성령님은 기도하는 사람들의 모임인 교회를 통해 일하셨다. 기도는 교회를 통해 진행되었고, 선교의 물결은 "예루살렘과 온 유대와 사마리아와 땅끝"에 이르기까지 교회를 타고 흘렀다. 교회는 흩어진 개인의 신앙이 아닌 함께 모인 기도 공동체의 성령 운동이었다.

복음의 지리적 확장 여정

복음은 한곳에 머무르지 않는, 확장되는 생명력이다. 사도행전의 흐름이 이 사실을 명확히 드러낸다. 이 책은 "예루살렘과 온 유대와 사마리아와 땅끝까지 이르러"라는 말씀을 그대로 따라간다(행 1:8). 예루살렘에서 시작된 복음이 유대와 사마리아로 퍼져나가고, 이방 도시들과 제국의 심장 로마까지 뻗어간다. 따라서 사도행전은 복음의 지리적 확장 여정이며, 성령이 주도하시는 제자화와 교회 개척 운동의 지형도다. 사도행전 1장 8절을 따라 펼쳐진 이 복음의 여정을 자세히 살펴보자.

1. 예루살렘과(1장-7장)

예루살렘 안에서의 이야기가 전개된다. 교회는 기도하고 말씀을 전하며 구제 사역과 양육을 함께 했다. 그러나 예루살렘은 스데반의 순교를 통해 더는 교회를 품지 못했다. 이후 복음은 흩어진 사람들을 따라 본격적으로 확장됐다.

2. 온 유대와 사마리아와(8장-12장)

온 유대와 사마리아에서의 이야기다. 사마리아인들에게도 성령님이 임하셨고, 이방인을 향한 복음의 문이 열렸다. 이때 교회는 점점 더 안팎의 박해와 정체성 확립의 도전에 직면했다. 그 와중에 하나님께서 바울을 사도로 세우셨다.

3. 땅끝까지 이르러(13장-28장)

소아시아와 유럽, 로마를 향한 사도 바울의 선교 여정을 보여준다. 그 길에서 도시마다 복음의 씨앗이 뿌려졌고, 각 지역마다 예수 그리스도를 주로 고백하는 공동체가 세워졌다. 교회는 유대인의 회당과 구별되는 정체성을 갖게 되었고, 예배와 성찬, 말씀과 기도, 선교적 삶으로 특징지어지는 새로운 삶의 방식을 확립해 나갔다.

세상은 그들을 '그리스도인'이라 부르기 시작했고, 교회는 로마 제국 곳곳에서 보이는 공동체, 곧 신앙과 삶이 연결된 선명한 증인의 모습으로 드러나기 시작했다.

증인의 피로 확장되는 복음

사도행전에는 복음이 확장되는 단계마다 공통점이 나타난다. 바로 '피'다. 복음 전파에는 늘 고난이 따랐고, 교회는 대가를 치르며 성장했다.

1. 예루살렘을 넘어갈 때

예루살렘 복음화의 마지막 장면은 스데반의 순교다(행 7:57-60). 그는 첫 번째 순교자였다. 유대 공회 앞에서 담대히 복음을 증거하고 돌에 맞아 죽은 그의 피는 그 자리에 있던 바울의 마음에 깊숙이 새겨졌고, 복음이 유대의 경계를 넘게 한 기폭제가 되었다.

2. 온 유대와 사마리아를 넘어갈 때

유대와 사마리아 복음화의 종착점에는 야고보의 순교가 있었다(행 12:2). 그는 12 사도 중 첫 순교자였다. 헤롯은 야고보를 칼로 죽이고 베드로까지 옥에 가두었지만, 교회는 흔들림 없이 기도했고, 복음은 더 넓은 세계로 퍼져나갔다.

3. 땅끝 복음화를 향해

땅끝 복음화의 여정에는 바울의 로마 선교가 있었다. 그는 자신의 생명을 바쳐 복음을 증거했다. 사도행전은 바울의 죽음을 직접 묘사하진 않지만, 그는 "내가 달려갈 길과 주 예수께 받은 사명 곧 하나님의 은혜의 복음을 증언하는 일을 마치려 함에는 나의 생명조차 조금도 귀한 것으로 여기지 아니하노라"(행 20:24)라고 고백한다.

이처럼 복음의 마지막 단계는 단지 지리적 도달이 아닌 죽음까지도 불사하는 제자의 헌신으로 끝맺는다. 이를 통해 복음 확장을 위한 순교적 사명을 후대에 물려준다.

생각해 보면, 교회의 정체성 자체가 이미 순교를 품고 있다. 교회는 예수 증인들의 모임이다. '증인'은 헬라어로 '마르튀스'(μάρτυς), 곧 순교자를 뜻한다.

예수님은 우리에게 증인이 되라고 하셨고, 초대 교회는 그렇게 살았다. 사도행전은 고난의 책이 아니다. 대가를 치르며 복음을 전한 자들의 영광의 기록이다.

그 영광은 지금 우리에게도 열려 있다. 그런 의미에서 사도행전의 또 다른 이름이 '복음행전', '순교행전'인 것이다.

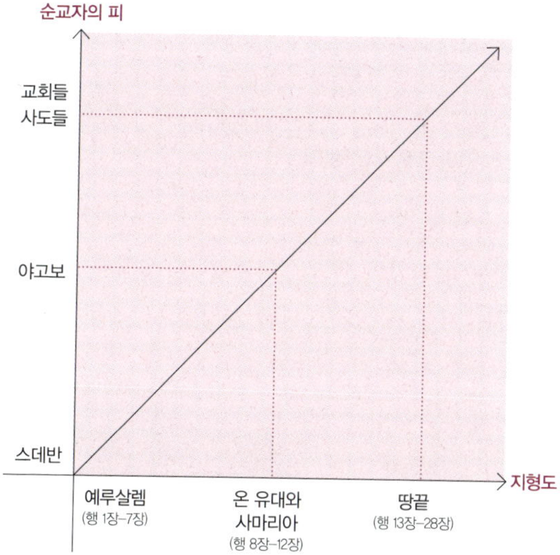

사도행전 통독을 시작하며

이제 사도행전을 통독할 차례다. 이 책을 통해 우리도 성령님의 권능으로 기도행전을 써 나가며, 가는 곳마다 또 다른 교회 세우기를 소망하자. 오직 성령께서 제자들을 세우시고, 복음을 땅끝까지 확장해 가실 것을 기대하자.

실천 과제

❶ 사도행전 성경통독을 시작하자

사도행전은 끝나지 않았다. 이 이야기는 오늘 우리의 삶으로 이어진다. 예수님의 증인이 되어 살아가는 것, 성령께 순종하여 교회를 세워가는 것이 바로 사도행전 29장을 써 내려가는 일이다. 사도행전 통독을 통해 성령의 인도하심을 받으며 복음 전파의 사명을 이어가자.

❷ 암송 요절

오직 성령이 너희에게 임하시면 너희가 권능을 받고
예루살렘과 온 유대와 사마리아와 땅끝까지 이르러
내 증인이 되리라 하시니라 **행 1:8**

❸ 함께 신앙생활을 하는 사람들에게 말해보자

"사도행전은 '예수 증인'의 이야기입니다. 복음을 들은 사람이 복음을 들고 나아간 것이 교회의 시작이자 확장이었습니다. 우리도 그 증인의 반열에 서 있습니다. 예수님의 증인으로 산다는 것이 무엇인지를 함께 찾아봅시다."

15 바울서신: 예수님은 교회를 어떻게 세우실까?

우리가 이같이 너희를 사모하여 하나님의 복음뿐 아니라
우리의 목숨까지도 너희에게 주기를 기뻐함은
너희가 우리의 사랑하는 자 됨이라
살전 2:8

지금도 교회를 세우시는 예수님

바울은 열방으로 다니며 교회를 세운 사도였다. 동시에 그는 교회를 자라게 한 목양자였고, 멀리서도 양육을 멈추지 않은 영적 아비였다. 그가 쓴 편지에는 살아계신 예수께서 교회를 다듬고 세우시는 손길이 담겨있다.

'바울서신'은 바울이 전도 여행 중 각 교회에 보낸 12통의 편지를 일컫는다. 이 서신들은 신약성경의 가장 많은 부분을 차지하며, 초대 교회를 향한 예수님의 마음을 밀도 있게 담아낸다. 또한 복음이 한 도시에서 다른 도시로 전파되어 뿌리내릴 때 어떤 문제와 해답이 있었는지를 생생하게 보여준다.

각 서신을 간략히 요약하면, **로마서**는 복음의 진리를 체계적으로 설명한 신학적 뼈대이며, **고린도전·후서**는 혼란스러운 교회를 향한 권면의 글이다. **갈라디아서**는 율법과 복음의 본질을 분명히 가르치며, **에베소서**와 **빌립보서, 골로새서**와 **빌레몬서**는 교회의 본질과 정체성, 그리스도인의 삶의 자세를 가르치는 옥중서신이다. **데살로니가전·후서**는 핍박받는 교회를 향한 위로와 재림에 관한 올바른 가르침을 담고 있고, **디모데전·후서**와 **디도서**는 다음세대 사역자를 위한 목회 지침서다.

이 장에서 우리는 바울서신을 사도행전과 나란히 읽을 것이다. 각 서신이 어떤 전도 여정 중에, 어떤 상황에서 쓰였는지를 보며 예수님이 바울을 통해 교회를 세워가시는 과정을 추적할 것이다. 그러면서 각 서신이 예수님을 어떻게 정의하며, 그분을 어떤 방식으로 드러내는지도 살펴볼 것이다.

바울은 누구인가?

바울을 알면 바울서신이 보인다. 바울서신을 알면 '예수님이 교회를 어떻게 세우시는지'가 보인다.

사도 바울, 그는 다소에서 태어난 로마 시민권자로 유대인 중의 유대인, 히브리인 중의 히브리인이며 베냐민 지파 사람이었다(빌 3:5). 유대교 내에서 바리새인 훈련을 철저하게 받았고, 가말리엘의 문하에서 율법을 배운 엘리트 구약학자였다(행 22:3). 그는 유대 민족의 전통과 열심을 가슴 깊이 품은 사람으로서 예수 믿는 자들을 이단으로 간주하고 "교회를 잔멸"하는 데 앞장섰다(행 8:3).

그런 그가 다메섹으로 가는 길에 예수님을 만났다. 빛 가운데 엎어졌고, 새로운 존재가 되어 일어났다. 그날 소명을 만난 이후, 그는 '이방인을 위한 사도'로 부름 받았다. 예수 그리스도의 복음을 전하는 자로 자신의 모든 것을 내어놓았다(행 20:24).

바울은 히브리어, 아람어, 헬라어에 능통했고, 유대교와 헬라 문화를 다 이해할 수 있는 폭넓은 시야의 소유자였다. 그는 예수님을 만난 후 자신의 강점을 복음을 위해 사용했다. 그리스도를 위해 자기를 부인했고, "내게 유익하던 것을 다 해로 여길뿐더러"라고 고백했으며, 복음을 위해 죽기까지 달려갔다(빌 3:7-14).

그는 교회의 핍박자에서 교회를 세우는 자가 되어 도시마다 예수님의 몸 된 공동체를 개척했다.

보이지 않는 10년, 회심과 준비의 시간

바울은 다메섹에서 예수님을 만난 순간부터 복음을 전했다. 그러나 본격적인 전도자로 쓰임 받기까지, 약 10년간 종적을 감췄다. 사도행전은 이 시기를 거의 언급하지 않는다. 마치 복음의 흐름에서 그가 사라진 것처럼 보인다.

하지만 갈라디아서 1장은 그 시간을 잠잠히 증언한다. 바울은 아라비아로 갔다가 다시 다메섹으로 돌아왔고, 예루살렘을 거쳐 수리아와 길리기아 그리고 고향 다소로 갔다(갈 1:13-22, 행 9:30).

이는 준비의 여정이었다. 예수님은 바울을 단번에 사역자로 세우시지 않았다. 먼저 침묵 속에서 고독을 훈련하고 내면을 재정립할 시간을 허락하셨다. 그동안 바울은 회심의 충격을 묵상했을 것이고, 구약성경 전체를 예수 그리스도의 빛 아래서 재해석했을 것이다. 예수님을 만난 바울은 복음 앞에 서는 시간이 필요했다. '메시아'에 관한 오해를 버리고, 율법 중심의 정체성에서 벗어나 은혜로 구원하시는 하나님을 새롭게 배워야 했다.

그렇게 10년간 복음을 체득하고, 복음으로 변화된 바울은 '이방인을 위한 사도'로 튼튼히 서게 되었다. 이후 그는 문제 많은 고린도 교회를 돌보았고, 흔들리는 갈라디아 교회를 책망했다. 그리고 로마서를 통해 복음의 진수를 보여주었다. 보이지 않던 그 10년이 '사도 바울'의 존재 배경이었다.

이는 단지 바울만의 이야기가 아니다. 하나님은 지금도 같은 방식으로 사람을 준비시키신다. 보이지 않는 골방에서 말씀과 기도로 씨름하는 시간, 사람 앞에 서기 전에 하나님 앞에서 홀로 보내는 시간, 사역의 열매가 맺히기 전에 사명의 뿌리를 깊이 내리는 시간을 통해서. 그 시간이 바울에게 있었듯이 우리에게도 필요하다.

하나님은 이런 시간을 통과한 자를 사용하신다. 그들로 교회를 세워가신다. 주님 앞에서 많은 시간을 보내는 자, 무릎 꿇고 눈물로 기도하는 자, 말씀을 붙들고 씨름하는 자들을 통해.

바울의 전도 여정과 서신서

바울은 전도 여행을 하며 복음을 전하고, 교회를 세우고, 떠난 뒤에도 돌보았다. 그가 걸어간 길마다 교회가 생겼고, 그가 떠난 곳에는 문제가 생겼다. 그때마다 그는 멀리서 편지로라도 그들을 목양했다. 바울서신은 그가 사도의 심장으로 쓴 목양 편지다.

1. 1차 전도 여행

수리아 안디옥에서 바나바와 함께 파송된 바울은 구브로 섬을 지나 비시디아 안디옥, 이고니온, 루스드라, 더베에 이르기까지 이방 세계 한복판에 복음을 심었다. 이때 많은 이방인이 믿었지만, 유대주의자들의 반대도 격렬했다.

시간이 흘러, 바울이 세운 교회들은 '율법을 지켜야만 구원받는다'라는 유대인의 가르침에 흔들리기 시작했다. 이때 바울은 갈라디아서를 통해 다른 복음은 없다면서 '구원은 오직 은혜로 말미암아 믿음으로 받는 것'임을 강하게 선포했다. 갈라디아 교회는 복음의 본질 위에 다시 세워져야 했다.

2. 2차 전도 여행

바울은 빌립보에서 처음으로 유럽 땅에 교회를 세웠다. 데살로니가, 베뢰아, 아덴, 고린도 등 여러 도시에 복음을 전했다.

데살로니가 교회는 박해 속에서 태어난 제자 공동체였다(살전 1:6, 2:14). 그러나 바울이 예상보다 빨리 데살로니가를 떠나야 했기에 교회 안에 여러 혼란이 일어났다. 특히 종말에 관한 오해가 대표적이었다(살후 2:1,2). 어떤 이들은 "예수님이 곧 오신다"라는 말에 사로잡혀 일상을 멈췄고, 재림을 향한 열정으로 삶의 질서까지 무너뜨렸다(살후 3:11,12).

그뿐 아니라 바울이 급히 떠난 상황을 두고, 일부는 그의 사도 자격 자체를 의심하기도 했다. 이에 바울은 자신이 사람의 인정을 받으려고 사역하는 자가 아니며 처음부터 하나님께로부터 사명을 받아 그들에게 복음을 전한 참된 사도임을 강하게 변호했다(살전 2:3-18, 살후 3:6).

그는 데살로니가 교인들과의 첫 만남과 복음 전파의 정황을 회상하며 이렇게 말했다.

"우리는 여러분 가운데서, 마치 어머니가 자기 자녀를 돌보듯이 유순하게 처신하였습니다. 우리는 이처럼 여러분을 사모하여, 여러분에게 하나님의 복음을 나누어 줄 뿐만 아니라, 우리 목숨까지도 기쁘게 내줄 생각이었습니다"(살전 2:7,8 새번역).

자신이 그들에게 복음만이 아니라 삶 전체를 내주었음을 강조하며, 데살로니가 공동체를 향한 사랑과 진정성을 증명했다.

이런 상황에서 바울은 데살로니가전·후서를 보냈다. 전서에는 종말을 향한 바른 소망과 공동체적 격려를 강조했고, 후서에는 재림에 관한 오해를 바로잡으며 성도다운 삶을 지속하길 권면했다. 재림을 기대하되, 믿음으로 오늘을 충실히 살아내야 함을 분명히 한 것이다.

데살로니가전·후서에는 목양자의 심정이 절절히 묻어난다. 떠나온 교회를 품고 바로 세우는 바울의 모습에서 복음에 대한 그의 책임감과 영적 애정이 잘 드러난다.

3. 3차 전도 여행

사도 바울은 에베소에 3년 가까이 머물며 집중적인 제자 훈련과 교회 리더십 양육에 매진했다. 그러나 그가 떠나온 교회들에 문제가 발생했다.

고린도 교회는 은사를 자랑하며 분열했고, 음행 문제로 공동체가 흔들렸다. 그래서 바울은 에베소에서 그들에게 고린도전·후서를 보냈다. 그는 서신을 통해 공동체 안에서 서로를 세우고, 은사는 사랑으로 사용하며, 십자가 복음만을 자랑해야 함을 거듭 가르쳤다.

이 시기에 바울은 아직 가보지 못한 도시, 로마 교회에도 편지를 보냈다. 로마서는 복음을 처음부터 끝까지 가장 논리적이고 깊이 있게 정리한 서신이다. 유대인과 이방인 모두를 위한 복음이 담겼으며 '믿음으로 의롭다 하심을 얻는 진리'가 그 중심에 있다. 이는 로마 교회뿐 아니라 모든 시대의 교회가 붙들어야 할 복음의 뼈대다.

바울서신 통독을 시작하며

바울은 각 도시에 교회를 세우고 떠났지만, 모든 공동체를 계속 마음에 두었다. 그래서 그의 편지에는 교회를 향한 목양자의 인내와 복음이 삶에 뿌리내릴 때까지 포기하지 않는 사도의 사명이 담겨있다. 그는 멈추지 않았다. 교회가 자라고, 견디고, 다시 복음으로 세워질 때까지 편지를 썼다.

바울서신을 통독한다는 건, 예수님이 교회를 세우시는 현장에 참여하는 일이다. 우리는 바울서신을 통해 하나님이 사람을 어떻게 준비시키시고, 그를 통해 교회를 어떻게 세우시는지를 배울 수 있다. 지금도 예수님은 준비된 사람을 통해 교회를 세우신다.

실천 과제

❶ 바울서신 성경통독을 시작하자

통독이 바울서신에 이르면, 한 가지 중요한 사실을 깨닫는다. 예수님의 사역이 지금도 계속되고 있다는 것이다. 바울서신을 통해 예수님이 교회를 어떻게 목양하시는지 살펴보자.

❷ 암송 요절

너희는 그 은혜에 의하여
믿음으로 말미암아 구원을 받았으니
이것은 너희에게서 난 것이 아니요 하나님의 선물이라 **엡 2:8**

❸ 함께 신앙생활을 하는 사람들에게 말해보자

"예수님은 교회를 위해 자기 몸을 내어주셨습니다. 그리고 지금도 성령 안에서 그분이 몸 된 교회를 세워가고 계십니다. 예수 그리스도의 십자가 복음 앞에 서면 삶이 멈추기도 합니다. 당신에게도 복음 앞에 선 후, 아무 사역도 하지 않는 기간이 있을 수 있습니다. 이는 기도와 말씀을 통해 복음을 체득하라고 주어진 시간일 겁니다. 그 기간을 믿음으로 잘 통과하길 바랍니다."

16 일반 서신: 예수님은 어떤 믿음을 원하실까?

누구든지 하나님을 사랑하노라 하고
그 형제를 미워하면 이는 거짓말하는 자니
보는 바 그 형제를 사랑하지 아니하는 자는
보지 못하는 바 하나님을 사랑할 수 없느니라
요일 4:20

모든 교회를 위한 편지

신약성경 끝자락에 히브리서부터 유다서까지 '일반 서신'으로 불리는 8권의 책이 등장한다. 일반 서신은 바울이 아닌 다른 사도들과 초대 교회 지도자들이 기록한 것으로, 바울서신과 달리 특정 지역의 교회나 개인이 아닌 모든 성도를 위해 쓰인 공동 서신이다.

일반 서신의 공통 주제는 다음 세 가지다.

1. 거짓 가르침과 이단에 맞서 진리를 지켜야 한다.
2. 박해와 시련 속에서도 믿음을 포기하지 말아야 한다.
3. 말로만 믿는 게 아니라 신앙을 삶으로 증명해야 한다.

교회 안팎으로 격렬한 충돌이 있던 가운데 쓰인 이 서신들은 복음이 어떻게 '살아있는 믿음'으로 열매 맺을 수 있는지를 보여준다.

대박해의 시대

일반 서신은 예수님을 그리스도로 믿는다는 이유만으로 죽임당하던 '순교의 시대'에 쓰였다. 당시엔 로마 황제의 명령하에 시민들이 열광하는 유희의 일환으로, 살아있는 기독교인들이 불태워졌고 온몸이 찢겨 짐승의 밥이 되기도 했다. 이 박해는 단순한 종교 차별이 아닌 의도적인 정치 행위였다.

고대 로마의 역사가였던 타키투스의 《연대기》에 의하면 "기독교인들은 짐승의 가죽을 입혀 개들에게 찢겨 죽거나 밤에 불을 밝히기 위해 산 채로 불태워지는 고통"을 받았다. 이것이 1세기 중반, 로마 제국의 기독교 대박해 시대의 참상이었다.

기독교 박해의 불길은 네로 황제 때 본격적으로 타올랐다. 기원후 64년, 로마 시내 대부분이 소실된 대화재가 발생했다. 시민의 원성은 황제에게로 향했고, 네로는 그 책임을 유대교에서 나온 기독교인들에게 떠넘겼다(타키투스가 그의 책에서 기독교를 "기이하고 해로운 미신"으로 묘사한 걸 보면, 기독교인들이 당시 로마 사회에서 어떻게 인식되었는지를 알 수 있다.). 그로 인해 예루살렘 박해로 흩어져 사역하던 초기 교회들은 '공공의 적'이 되고 말았다. 광장에서 로마 시민들이 지켜보는 가운데 생포된 기독교인들은 네로 황제가 마련한 정원에서 나무 말뚝에 묶여 산 채로 화형당했고, 그 불빛은 밤에 연회장과 경기장을 밝히는 '살아있는 횃불'이 되었다.

교회 형제나 자매 중 누군가가 잡혀갔다는 소식을 들으면, 성도들은 함께 거리로 나가 울며 기도로 그 곁을 지켰다. 그리고 순교의 다음 차례가 되었다. 이처럼 한 사람의 순교는 다음 순교자의 탄생을 예고했고, 교회는 믿음의 이야기를 피로 써 내려갔다.

이 시점에 일반 서신이 기록되었다. 당시 크리스천에게 '예수 그리스도의 십자가 복음'이란 죽음을 담보로 한 진리였다. 단순 교리나 지식, 여러 종교 중 하나가 아니었다. 전부를 걸고 지켜야 하는 생명이었으며, 자기 십자가를 지고 따라야 할 구원이었다. 그럼에도 그리스도께서 그들 곁에 실재하셨기에 그들은 고통을 감내할 수 있었다. 그래서 일반 서신은 '믿음을 지키는 실전 매뉴얼'과 같았다. 시가서가 말하는 '경외'의 실행판이었다.

일반 서신은 '믿음이란 무엇인가'라는 질문에 답한다. 그러면서 '예수 그리스도가 어떤 분이신지'를 생각하게 한다. 그분은 어떤 고난과 죽음이 닥쳐와도 돌아서지 않으시는 참 생명의 길이시다. 한밤중 로마 경기장을 밝힌 성도들의 몸, 그 불빛 아래서 쓰인 편지들이 꺼지지 않는 복음의 불꽃이 되어, 지금 당신의 손안에서 타오르고 있다.

돌아갈 것인가, 끝까지 믿을 것인가

박해가 심해지자, 많은 기독교인이 고민하기 시작했다.

'계속 이 믿음을 지킬 것인가, 아니면 잠시 옛 삶으로 돌아갈 것인가?'

히브리서는 그런 유혹 앞에 놓인 유대 기독교인을 향한 편지다. 율법과 제사를 신봉하던 옛 삶으로 돌아가면 박해를 피할 수 있었다. 그러나 히브리서는 외친다.

"예수 그리스도는 새 언약의 대제사장이시다. 그분보다 더 나은 길은 없다!"

야고보서는 헬라 문화권에 흩어진 디아스포라 기독교인을 향한 편지다. 그들 역시 헬라 문화를 좇아 살라는 유혹을 받았다. 믿음을 실제로 행할 것 없이 단지 개념 정도로만 이해하고 살아도 된다는 유혹. 기독교를 철학적 논의나 지적 유희로만 믿고, 실제로는 헬라인들처럼 자신을 위해 살라는 유혹. 그 앞에 서 있는 디아스포라 기독교인들에게 야고보는 믿음의 행위, 곧 '행함이 있는 믿음'을 강조했다.

이와 같이 행함이 없는 믿음은 그 자체가 죽은 것이라 약 2:17

이것은 박해 가운데도 펄펄 살아 움직이는 신앙이 진짜라는 선언이었다.

한편 **베드로전·후서**는 불같은 시련 속에 있던 모든 교회를 향한 편지다.

너희 믿음의 확실함은 불로 연단하여도 없어질 금보다 더 귀하여 예수 그리스도께서 나타나실 때에 칭찬과 영광과 존귀를 얻게 할 것이니라 벧전 1:7

베드로는 극심한 박해 속에서 믿음의 행위가 어떻게 나타나는지를 기록했다. 믿음을 지키는 일에 고난이 따른다면, 고난을 기꺼이 감수하라고 권면했고, 악을 악으로 갚지 말고 선으로 갚으라고 당부했다.

요한일·이·삼서는 외부의 박해보다 더 치명적인 내부의 공격에 관해 다뤘다. 당시 교회 안에 들어온 거짓 교사들은 사랑을 가장해 진리를 뒤틀었고, 그리스도의 오심을 부인했다. 이에 요한은 "하나님은 빛이시라"(요일 1:5)라고 선언하며 거짓을 분별하고 진리 안에 거할 것을 강조했다.

더불어 예수 그리스도만을 믿고, 그분이 주신 계명대로 서로 사랑하라고 힘주어 말했다. 요한이서로는 공동체 전체에게, 요한삼서로는 개인에게 그 원리를 전했다.

끝으로 **유다서**의 강렬한 1장은 마지막 시대를 살아가는 성도에게 이렇게 외친다.

"믿음을 위하여 힘써 싸우라!"

말세의 거짓 가르침은 교회 안까지 스며들 것이다. 그 미혹에 대항하려면 말씀으로 무장된 사랑과 분별이 필요하다. 일반 서신은 유혹과 시험 앞에 선 성도에게 "돌아갈 것인가, 믿을 것인가"를 묻는다. 그리고 한목소리로 외친다.

"믿음을 지켜라. 생명 다해 살아내라!"

믿음은 다짐하는 게 아니라 살아내는 것이다

신약성경에 "믿음"(πίστις)이라는 단어가 243회 등장한다. 그중 163회가 서신서에 집중되어 있고, 나머지는 복음서와 사도행전, 요한계시록에 80회 나온다(NA28, UBS5 헬라어 성경본 기준). 이는 서신서가 믿음을 주제로 쓰였음을 보여주는 증거다.

일반 서신은 믿음의 실제를 다루는 책이다. 극심한 교회 박해로 인해 갈림길에 선 성도에게 '어떻게 믿을 것인가'에 대한 답을 주기 위해 기록되었다.

대표적인 서신서가 바로 야고보서다. 2장을 보면 "행함이 없는 믿음은 그 자체가 죽은 것이라"(17절)라는 구절이 있는데, 이는 '믿음'과 '행함'을 대조하는 게 아니다. 이 말씀의 배경은 매우 구체적이다. 당시 교회 안에는 가난한 형제에게 "평안히 가라, 덥게 하라, 배부르게 하라"(16절)라는 말만 하고, 아무 도움도 주지 않는 자들이 있었다. 야고보는 그들에게 물었다(14절).

"누가 믿음이 있다고 말하면서도 행함이 없으면, 무슨 소용이 있겠습니까? 그런 믿음이 그를 구원할 수 있겠습니까?"(새번역)

믿음은 말이 아닌 행동을 통해 고통받는 지체 앞에서 증명되는 것이다. 베드로전서 역시 믿음의 행위를 구체적으로 다룬다. 박해받는 현실 속에서 믿음은 마음속에만 있는 게 아니라 삶 전체를 관통하는 태도로 나타나야 했다.

> 남편들아 이와 같이 지식을 따라 너희 아내와 동거하고 그를 더 연약한 그릇이요 또 생명의 은혜를 함께 이어받을 자로 알아 귀히 여기라 이는 너희 기도가 막히지 아니하게 하려 함이라 **벧전 3:7**

위 구절은 대박해 시대에 가정에서 믿음이 어떻게 실행되어야 하는지를 보여준다. 아내를 존귀히 여기는 태도는 남편이 기도를 지속하기 위한 믿음의 실천이었다. 이는 믿음의 적용점을 놀랍도록 구체적으로 제시하는 구절이다.

히브리서는 믿음의 정의 자체를 삶과 연결한다. "믿음은 바라는 것들의 실상이요 보이지 않는 것들의 증거니"(히 11:1)라는 선언이 곧장 아벨, 에녹, 노아, 아브라함, 이삭, 모세, 라합 등 수많은 사람의 '믿음으로 한 행동'으로 이어진다. 그들은 모두 "믿음으로" 순종했고, 떠났고, 견뎠다. 히브리서는 믿음을 한순간의 고백이 아닌 인생을 관통하는 순종 행위로 정의한다.

요한일서도 믿음을 지키는 삶의 방식으로서의 사랑을 강조한다.

> 누구든지 하나님을 사랑하노라 하고 그 형제를 미워하면 이는 거짓말하는 자니 보는 바 그 형제를 사랑하지 아니하는 자는 보지 못하는 바 하나님을 사랑할 수 없느니라 요일 4:20

여기서 믿음은 교회 공동체 안에서 형제자매를 대하는 모습으로 드러난다. 공동체 안에서의 태도와 반응이 믿음의 진위를 가려낸다는 것이다.

유다서는 "하나님의 사랑 안에서 자신을 지키며 영생에 이르도록 우리 주 예수 그리스도의 긍휼을 기다리라"(유 1:21)라고 하며, 믿음을 거짓 가르침이 들끓는 혼란 속에서 자신을 지키는 일로 연결한다. 그리고 그렇게 믿음을 지켜낸 이들을 향해 마지막에 덧붙인다.

> 능히 너희를 보호하사 거침이 없게 하시고 너희로 그 영광 앞에 흠이 없이 기쁨으로 서게 하실 이 유 1:24

믿음은 끝까지 살아내는 것이며, 그 끝에 예수 그리스도 앞에 기쁨으로 서는 날이 기다리고 있음을 말한다.

일반 서신 통독을 시작하며

일반 서신은 누구를 믿어야 하는지, 왜 믿어야 하는지 믿음을 어떻게 살아내야 하는지 등을 구체적으로 알려준다. 상황과 공동체, 가정과 일상에 녹아 있는 믿음의 행위를 다룸으로써 말이다. 그리고 그 내용은 전부 예수 그리스도를 바라보게 한다.

비록 박해가 거세고 현실이 비참해도, "주님이 더 크시다"라고 고백하는 게 믿음의 삶이다. 이는 단순한 정신 승리나 막연한 다짐이 아닌, 오늘 내가 있는 자리에서 살아내야 할 믿음이다.

실천 과제

❶ 일반 서신 성경통독을 시작하자

일반 서신은 다양한 저자들이 온 교회에 남긴 믿음의 유산이다. 초대 교회가 무엇을 붙잡고, 어떤 싸움을 했으며, 어떻게 살아갔는지를 보여주는 이 서신들을 함께 통독해 보자. 박해와 흩어짐 속에서도 믿음을 지켰던 초대 교회 성도들을 통해, 오늘날 우리가 이 세상 속에서 어떻게 살아가야 할지를 배울 수 있을 것이다.

❷ 암송 요절

너희 믿음의 확실함은
불로 연단하여도 없어질 금보다 더 귀하여
예수 그리스도께서 나타나실 때에
칭찬과 영광과 존귀를 얻게 할 것이니라 **벧전 1:7**

❸ 함께 신앙생활을 하는 사람들에게 말해보자

“당신은 예수 그리스도를 믿습니다. 이 믿음은 개념이나 정신 수양이 아닙니다. 당신의 믿음은 그 대상과 방법과 이유가 분명하며, 어떤 상황이나 고통보다도 큽니다. 그러므로 말씀을 따라 믿음을 살아내며, 흔들리는 이에게 예수 그리스도가 누구신지를 성경으로 알려주십시오. 당신의 견고한 믿음이 그의 등불이 될 것입니다.”

17 요한계시록 1: 예수님은 교회에 무엇을 원하실까?

예수 그리스도의 계시라

계 1:1

재림하실 예수님은 누구신가?

요한계시록을 펼치면 무시무시한 재앙과 상징적 이미지, 온 세상을 향한 심판의 메시지 앞에 두려움을 느낀다. 하지만 이 책의 진짜 주인공은 '예수 그리스도'시다. 이 책은 그분이 누구신지, 어떤 모습으로 오시며, 왜 다시 오시는지를 보여준다. 다음 다섯 가지가 대표적이다.

1. 예수님은 충성된 증인이시다(계 1:5)

이 땅에서 사람들에게 거절당하고 십자가에 못 박히셨지만, 끝내 부활하사 승천하기까지 하나님나라를 증언하신 그분은, 우리의 증인이자 하나님 말씀에 끝까지 순종하신 하나님의 독생자시다.

2. 예수님은 죽은 자들 가운데에서 먼저 나시고 땅의 임금들의 머리가 되신 분이다(계 1:5)

부활하신 그리스도는 우리의 구주가 되셨고, 온 세상의 권세를 심판하는 왕이 되셨다. 세상의 왕들은 잠시 권세를 가졌을 뿐, 진정한 권세는 예수께 있다.

3. 예수님은 사망과 음부의 열쇠를 가지신 분이다(계 1:18)

예수님은 천국의 열쇠뿐 아니라 지옥의 열쇠도 가지고 계신다. 이는 생명과 죽음, 구원과 심판의 권한이 모두 그분께 있다는 뜻이다. 인간은 죄와 사망의 권세 아래 묶여 살지만, 예수님은 십자가에서 죄를 이기시고 부활로 죽음을 깨뜨리셨다.

오직 그분만이 인류에게 생명의 판결을 내릴 자격이 있으시며, 그분의 심판은 곧 구원의 완성이다. 그분의 심판이 하나님의 의를 드러내고 악을 제거함으로써 하나님나라를 온전히 회복하는 최종적 구원의 행위이기 때문이다.

4. 예수님은 일곱 금 촛대 사이를 거니시는 분이다(계 2:1)

그리스도는 끝날까지 교회의 중심에 계시며, 교회를 지

켜보시고 바로잡으신다. 요한계시록에 나오는 7개 교회를 향한 편지를 통해 예수님이 교회를 얼마나 세밀하게 돌보시는지를 알 수 있다. 이 책은 종말을 예고할 뿐 아니라, 이 시대 교회에게 말씀하시는 예수님의 음성이다.

5. 예수님은 마지막 날에 백마를 타고 충신과 진실이라는 이름으로 전쟁하시는 왕이다(계 19:11)

이 장면은 예수님의 최종 심판을 묘사하며, 악을 결코 놔두지 않으시는 하나님의 공의가 예수님 안에서 완성됨을 보여준다.

요한계시록은 공의와 권능으로 심판하시는 주님을 드러낸다. 그러나 그 심판조차도 복음이다. 죄를 심판하지 않으면 의는 존속할 수 없다. 정의를 이루지 않는 사랑은 방임이며 죄를 내버려두는 자비는 무책임이다.

예수님은 '사랑'이시기에 심판하신다. 그분의 심판은 절망이 아닌 회복이며 구원과 창조의 완성이다. 요한계시록을 통독한다는 건, 이런 예수님의 성품을 바로 아는 일이다.

말세의 모든 교회를 향한 편지

요한계시록 2장과 3장은 에베소, 서머나, 버가모, 두아디라, 사데, 빌라델비아, 라오디게아 7개 교회에 보내는 예수님의 편지다. 이 교회들은 실제로 1세기 아시아(오늘날 튀르키예) 지역에 존재했다. 동시에 완전함을 상징하는 수 '7'로서 신약의 모든 교회를 대표한다. 이 교회들의 이야기는 곧 우리 이야기다. 우리는 어디에 속하는가? 칭찬받는 교회인가, 책망받는 교회인가, 아니면 둘 다 받는 교회인가? 각 편지에 담긴 주님의 음성을 들어보자.

에베소 교회는 "너의 처음 사랑을 버렸느니라"라고 책망받았다(계 2:4). 바른 교리를 가르쳤고 수고도 했지만, 진리를 지키려다가 정작 예수님을 향한 사랑을 잃어버린 게 그들의 문제였다. 사랑 없는 정통성으로 생명력을 잃은 공동체의 모습이다.

서머나 교회는 칭찬받았다. 환난과 궁핍 속에서도 믿음을 지킨 그들에게 예수님은 "죽도록 충성하라 그리하면 내가 생명의 관을 네게 주리라"라고 약속하셨다(계 2:10). 환난 때에 정금같이 빛나는, 작지만 정직한 공동체의 모습이다.

버가모 교회는 사단의 권좌가 있는 곳에서도 믿음을 지켰으나 발람과 니골라 당의 교리를 용납한 것 때문에 책망

받았다(계 2:13-15). 이는 교회 안에 세속적인 가치관이 침투한 결과였다. 진리와 타협한 공동체의 모습이다.

두아디라 교회는 사랑과 믿음, 섬김과 인내 면에서 인정받았지만, '이세벨'이라는 거짓 선지자의 가르침을 묵인한 죄로 꾸중을 들었다(계 2:20). 이들에게 사랑은 있었지만 분별이 없었다. 정서적 유대는 강했지만 진리를 지키는 훈련이 부족했다. 영적 분별 없이 인간적인 카리스마에 쉽게 휘둘리는 공동체의 모습이다.

사데 교회는 "살았다 하는 이름은 가졌으나 죽은 자"였다(계 3:1). 조직은 있었지만 성령이 없었다. 겉으로는 부흥하는 듯 보였지만 실제로는 생명이 없었다. 활발한 프로그램과 화려한 예배를 자랑하지만 성령의 감동이 없는 공동체의 모습이다.

빌라델비아 교회는 작은 능력을 가지고도 말씀을 지키며 진리와 인내로 예수님의 기쁨이 된 가장 모범적인 교회다. 이들에게 예수님은 "네 앞에 열린 문을 두었으되 능히 닫을 사람이 없으리라" 말씀하셨다(계 3:8). 규모가 아닌 충성도에 따라 하나님께 쓰임받는다는 걸 보여준다.

라오디게아 교회는 가장 무서운 평가를 받았다. 예수님은 이 교회를 향해 "네가 차지도 아니하고 뜨겁지도 아니하도다 … 내 입에서 너를 토하여 버리리라"라고 엄중히 경고

하셨다(계 3:15,16). 이는 열정이 없고 미온적인 신앙과 영적 무지에 대한 책망이었다. 풍요 속에 주님을 문밖에 세워두는 교회, 자기만족에 빠진 공동체의 모습이다.

위 교회들은 우리의 자화상이다. 성경은 "성령이 교회들에게 하시는 말씀을 들을지어다"(계 2:7 외)라고 반복해서 강조한다. 이는 각 교회만을 위한 게 아니라 모든 교회가 들어야 할 말씀임을 보여준다.

끝내 이기게 하실 분

각 교회에 보낸 편지 말미에 반복되는 말이 있다. 바로 "이기는 자"라는 약속이다(계 2:7,11,17,26, 3:5,12). 칭찬받은 교회든, 책망받은 교회든 예외 없이 이 말씀이 주어졌다. 이는 교회가 끝내 붙들어야 할 존재 이유이자 정체성이다. 교회는 이기는 자로 남아야 한다. 아니, 이길 자들이다.

사도 요한이 울고 있을 때, 한 장로가 말했다.

"울지 말라 유대 지파의 사자 다윗의 뿌리가 이겼으니…"(계 5:5).

그리고 이어지는 장면에 한 어린양이 서 있는데, 죽임을 당한 어린양이었다(계 5:6). 여기에 이김의 본질이 드러난다. 세상의 전쟁은 칼로 이기지만, 하나님의 전쟁은 복음으로 이긴다. 어린양이신 예수 그리스도의 보혈로 세상을 이긴다. 예수님은 십자가에서 죽고 부활하심으로 죄와 사망과 악을 이기셨다.

요한계시록에서 이기는 자란, 예수님의 방식으로 이기는 자를 뜻한다. 칼과 권력, 성취와 세력이 아닌 믿음과 인내, 진리와 사랑으로 이기는 자 말이다.

이기는 자에게 주어지는 약속은 창세기에서 끊겼던 약속의 회복이기도 하다. 생명나무 열매를 먹게 하시겠다는 약속(계 2:7)은 에덴동산의 회복이고, 둘째 사망의 해를 받지 않을 거라는 선언(계 2:11)은 창세기 3장의 저주를 끊는 은혜다.

요한계시록의 '이김'은 성경 전체의 결론이다. 감추어 둔 만나와 흰 돌과 새 이름(계 2:17), 철장으로 다스리는 권세(계 2:26,27), 생명책에서 이름이 지워지지 않으며 하나님의 성전에 기둥같이 세우신다는 약속(계 3:5,12), 하나님의 보좌에 함께 앉게 하신다는 궁극적 친밀함(계 3:21). 이 모든 것은 구원의 완성이며, 신부인 교회가 하나님의 영광에 참여하는 영원한 보상이다.

이 약속은 우리가 이겨야 얻을 수 있는 조건이 아니라 예수님이 이미 이기셨기에 허락된 선물이다. 예수님은 "담대하라 내가 세상을 이기었노라"(요 16:33), "이기는 그에게는 내가 내 보좌에 함께 앉게 하여주기를 내가 이기고 아버지 보좌에 함께 앉은 것과 같이 하리라"라고 약속하셨다(계 3:21).

예수님은 우리로 이기게 하시는 분이다. 그분이 교회의 머리시고, 교회를 위해 싸우시는 분이며, 끝내 승리를 주실 유일한 분이다.

요한계시록 통독을 시작하며

요한계시록은 '이기신 그리스도'와 '이기게 될 교회'의 연합을 보여준다. 그리스도는 교회들 가운데 계시며(계 1:13), 교회는 그분 안에서 끝내 이기게 된다. 이것이 요한계시록의 복음이다.

오늘도 주님이 말씀하신다.

"귀 있는 자는 성령이 교회들에게 하시는 말씀을 들을지어다 이기는 그에게는…"(계 2:7 외).

이제 그 부르심에 응답할 차례다. 이기신 예수님을 믿음으로 바라보면 이길 수 있다. 예수 그리스도의 재림을 소망하며 지금 여기서 충성하자.

이기는 자는 이것들을 상속으로 받으리라 나는 그의 하나님이 되고 그는 내 아들이 되리라 계 21:7

실천 과제

❶ 요한계시록 성경통독을 시작하자

요한계시록의 원래 이름은 '예수 그리스도의 계시'다(계 1:1). 처음부터 끝까지 예수님을 드러내기 때문이다. 예수님은 이 책에서 '심판의 주, 교회의 주, 만물의 주'로 등장하신다. 여기서 성경 전체를 꿰뚫는 구속사의 마지막 장면, 하나님의 창조가 어떻게 완성되는지를 알게 된다. 예수님은 최후 승리를 주실 분이다.
이 책은 핍박 속에서도 교회가 예수님만을 붙잡고 이기는, 한 폭의 위대한 그림이다. 성경의 마지막 책을 읽으며 심판주로 다시 오실 예수님을 바라보자. 끝내 승리를 안겨주실 그분을 기대하며 종말을 준비하자.

❷ 암송 요절

나는 알파와 오메가요

처음과 마지막이요 시작과 마침이라 **계 22:13**

❸ 함께 신앙생활을 하는 사람들에게 말해보자

"예수님은 다시 오십니다. 교회는 그날을 준비하며 살아가는 신부입니다. 요한계시록을 읽으며 예수님만 신뢰하는 믿음을 다집시다. 예수님만이 교회에 최종 승리를 안겨주십니다."

18 요한계시록 2:
예수님은 어떻게 심판하실까?

볼지어다 그가 구름을 타고 오시리라
각 사람의 눈이 그를 보겠고 그를 찌른 자들도 볼 것이요
땅에 있는 모든 족속이 그로 말미암아 애곡하리니 그러하리라 아멘
계 1:7

오메가, 예수 그리스도

요한계시록은 또 다른 복음서로 불려도 손색이 없다. 예수 그리스도를 가장 풍성하게 증언하는 복음서적 성격의 계시이기 때문이다. 그래서 예수님의 정체성과 사역이 강하게 드러난다. 요한계시록 전체가 예수님의 자기 계시이며, 복음의 완성이다. 사복음서가 그분의 초림(1st coming)을 증언한다면, 요한계시록은 그분의 재림(2nd coming)과 최종 승리를 증언한다.

많은 이가 이 책을 읽으며 예수님을 놓친다. "666", "짐승", "대접" 같은 상징에만 집중하느라 그분을 지나친다. 그러나 통독적 관점으로 '예수님이 누구신가'를 질문하며 읽

어보자. 예수가 그리스도이심을 다룬 어떤 책보다 풍성한 답을 얻을 것이다.

예수님은 그리스도시다. 그분은 알파(처음)와 오메가(마지막)시다. 창세기에서 태초를 여신 분이 계시록에서 마침표를 찍으신다. 아담을 부르신 분이 요한을 통해 교회들을 부르신다. 죄인 아브라함을 택하셨던 하나님께서 죄인을 심판하고 새 하늘과 새 땅을 여신다.

이 구원의 역사는 멈추지 않았다. 하나님의 아들이 직접 개입하셨고, 십자가 죽으심과 부활로 구속사의 중심을 꿰뚫으셨다. 그 구원은 최후의 심판을 통해 완성된다. 요한계시록이 바로 그 마지막 페이지다.

요한계시록의 흐름

요한계시록은 복잡하지 않고 수수께끼 같지도 않다. 하나님의 거룩함과 인내, 정의와 사랑 그리고 영원한 승리를 노래하는 이 책은 아시아 7개 교회에 보낸 편지로 시작한다(1장-3장). 각 교회의 상황을 정확히 아시는 예수님은 책망과 권면, 약속을 말씀하신다. 이 교회들은 모든 시대의 모든 교회를 대표한다. 이는 그분이 '지금도 교회를 다스리시는 주님'이심을 보여준다.

그러나 4장부터 급변한다. 하늘 문이 열리고, 요한은 보좌에 앉으신 하나님을 본다. 그리고 천상의 예배 가운데 역사의 심판이 시작된다.

본격적인 심판 서사는 6장의 "일곱 인"에서 출발한다. 어린양이 두루마리를 봉한 인을 차례로 떼기 시작하면서 세상에 전쟁, 기근, 죽음 등 하나님의 진노가 하나씩 쏟아진다. 그 한가운데서 하나님의 백성들이 순교를 당하는데(9절), 그 고난은 오히려 그리스도를 향한 신앙의 증거가 된다.

그리고 일곱 번째 인이 열릴 때 "일곱 나팔" 심판이 이어진다(계 8:1,2). 나팔이 하나씩 불릴 때마다 자연재해와 같은 재앙이 땅과 바다, 별과 해에 임하며 하나님의 공의가 선명해진다(계 8:7-9:21). 이 심판은 점층적이다. 인간의 죄는 유예할 수 없는 단계까지 차고, 하나님의 인내는 점점 줄어든다.

"일곱 대접" 심판은 마침내 하나님의 진노의 절정을 보여준다(15장-16장). 천사들이 하나님의 진노가 담긴 일곱 대접을 차례로 쏟을 때마다 고통, 암흑, 재앙, 심판이 이 땅에 전면화된다. 그 결과 짐승의 왕국은 멸망하고, 바벨론은 불에 타서 패망하며, 세상의 모든 권세가 무너진다(17장-18장).

심판은 새 창조를 위한 제거 작업이다. 따라서 파괴적 처벌로 끝나지 않고, 죄악이 무너진 자리에 새 예루살렘이 등장한다(21장-22장).

요한계시록은 "일곱 교회-일곱 인-일곱 나팔-일곱 대접" 이라는 구조적 리듬을 통해 점진적이고 완전한 심판을 보여준다. 이처럼 하나님의 심판은 우연히 일어나거나 돌발적이지 않을 것이다. 그분은 경고와 인내로 기다리시다가 마침내 집행하실 것이다.

그 모든 심판 과정에서 구원받은 백성들은 끝까지 보존될 것이다. 이들은 '하나님의 인을 맞은 자', '어린양의 피에 옷을 씻어 희게 된 자', '어린양을 따르는 자'라는 이름으로 불릴 것이다(계 7:3,14, 14:4). 그리스도를 따르는 자는 최후 심판 속에서도 하나님의 보호하심 안에 있다.

심판의 때를 준비하게 하는 책

이제 요한계시록을 하나의 이야기로 바라볼 수 있다. 먼저 하늘 문이 열린다(4장). 하나님의 보좌가 보이고, 어린양이 등장하신다. 그 어린양이 역사의 심판을 시작하신다(6장-16장). 이 심판은 점점 강해지며, 악의 세력을 멸망시킨다(17장-20장). 끝으로 새 하늘과 새 땅, 새 예루살렘이 임한다(21장-22장). 그 도성에는 눈물이 없고, 어둠도 없으며, 오직 주님과 함께하는 영원한 생명만이 있다.

요한계시록은 주님께서 교회에 경고하시고, 세상을 심판하시며 새 창조로 이끄시는 구속의 이야기다. 우리는 구속사의 마지막 장을 읽고 있다. 그러나 끝이 아니다. 그분의 재림을 준비하며 살아갈 일이 남았다.

그날, 그 심판, 그 구원이 얼마나 실제인지를 요한계시록은 분명히 가르쳐준다.

이제 요한계시록을 펼치자. 상징과 이미지에 겁먹지 말고 예수님을 바라보자. 전체 흐름을 기억하고, 그분이 누구신지를 질문하며 읽어보자. 이 책은 당신을 혼란에 빠뜨리는 게 아닌, 잠든 신앙을 깨우고 다가올 심판의 때를 준비하게 하는 책이다.

예수님은 반드시 다시 오신다. 그날을 향해 우리는 오늘 하루를 믿음으로 걸어가야 한다.

실천 과제

❶ 요한계시록 성경통독을 계속하자

요한계시록은 예수님이 어떤 분이시며, 왜 심판하시는지를 보여주는 종말 복음서다. 예수님은 충성된 증인이시며, 죽음을 이기고 만왕의 왕이 되신 분이다. 그분의 심판은 무서운 파괴가 아닌 악을 제거하고 구원을 완성하시는 하나님의 의로운 행위다. 이를 기억하며, 요한계시록을 끝까지 읽어보자.

❷ 암송 요절

이 예언의 말씀을 읽는 자와 듣는 자와
그 가운데에 기록한 것을 지키는 자는 복이 있나니
때가 가까움이라 **계 1:3**

❸ 함께 신앙생활을 하는 사람들에게 말해보자

"예수님은 다시 오십니다. 그분의 재림은 두려움이 아닌 소망입니다. 악이 심판받고, 의가 보상받는 날이 반드시 올 것입니다. 요한계시록을 읽으며, 심판조차 복음이 되는 예수님의 공의와 사랑을 주변에 전합시다."

19 에덴에서 새 예루살렘까지

이 성전을 헐라
내가 사흘 동안에 일으키리라
요 2:19

모형론

성경통독의 눈이 열리면 놀라운 일이 일어난다. 성경의 어느 페이지를 펼치든, 예수 그리스도가 보인다. 특정 장이나 절만이 아니라, 무심코 지나는 단어 하나 속에서도 그분의 흔적을 발견하게 된다.

성경에 자주 나오는 단어들을 떠올려보라. 피, 양, 불, 산, 빛, 성소, 왕, 문… 이런 단어들이 성경의 전체 이야기 위에서 재해석되기 시작한다. 이는 성경이 분절된 문장의 집합이 아니라 예수 그리스도를 계시하는 통합적 이야기이기 때문이다.

이 관점이 열리면 하나님의 구원 계획은 수천 년의 시간을 관통해 하나의 선으로 이어진다. 그 선의 알파와 오메가는 예수님이시다. 이 관점을 신학 용어로 모형론(Typology)이라고 한다. 이는 구약의 인물, 사건, 제도, 장소 등이 장차 오실 예수 그리스도를 미리 보여주는 모형이라는 관점에서 성경을 해석하는 방법이다. 한 인물, 한 사건에 머물지 않고, 그것을 통해 하나님이 무엇을 미리 말씀하고자 하시는지를 읽는 것이다.

이를테면 '아담'은 장차 오실 "마지막 아담"(고전 15:45)이신 예수님의 예표이고, '출애굽'은 그리스도 안에서 이루어질 죄로부터의 해방을 상징하며, '성막'은 장차 오실 '하나님이 거하실 참 장막'이신 예수님(요 1:14, 히 9:11)을 미리 드러내는 모형이다.

물론 모든 모형은 실제 사건과 인물이다. 다만 그들은 구속사를 주관하시는 하나님의 목적에 따라 성경을 통해 우리에게 보여진다. 하나님은 이 모형을 통해 장차 오실 그리스도를 미리 보여주신다. 따라서 모형은 예수 그리스도의 그림자다.

하나님께서는 우리가 구약의 사건과 인물을 따라가다 보면, 그 끝에서 예수님이 누구신지 발견하도록 의도하셨다. 구약은 그분의 모형을 보여주고, 신약은 그 실체를 드러낸다. 이 시선으로 성경을 읽으면 흩어져 있던 퍼즐이 하나의 그림으로 맞춰진다.

성경은 산만한 기록이 아니라 처음부터 끝까지 예수가 그리스도이심을 보여주는 서사다. 에덴에서 잃어버린 생명나무, 출애굽 하며 건너간 홍해, 광야의 만나와 반석, 다윗의 왕좌, 성전의 휘장, 유월절 어린 양 등이 전부 예수 그리스도께로 연결된다. 그리고 그분의 죽으심과 부활, 재림과 심판을 통해 우리를 새 하늘과 새 땅, 새 예루살렘으로 이끄신다. 성경통독은 이 연결 고리를 따라가는 순례의 여정이다.

성경통독을 통해 '예수가 그리스도'라는 진리를 알면 예수 그리스도, 그분을 믿게 된다. 믿으면 예수님처럼 또 다른 이들을 가르치게 된다.

지금부터 성경통독 관점의 한 예를 살펴보려고 한다. 창세기의 "에덴"과 요한계시록의 "새 예루살렘"을 떠올려보자. 구속의 서사를 '임재 공간의 흐름'이라는 틀 안에서 따라가 보려 한다. 성경 전체를 성전 건축 과정으로 생각해보자. 에덴은 기초였고, 새 예루살렘은 완공된 거처다.

에덴과 성전

처음 하나님은 에덴에서 인간과 함께 거니셨다(창 3:8). 하나님이 함께 계시는 에덴은 곧 '성소'였다. 한가운데 생명나무가 있었고, 주변은 강이 에워싸고 있었다(창 2:9,10). 이후 죄로 인해 인간은 그곳에서 쫓겨났고, 하나님은 에덴 동쪽에 불 칼을 두어 지키게 하셨다(창 3:24).

출애굽 이후 하나님은 인간 사이에 다시 거하시기 위해, 모세에게 "너는 삼가 이 산에서 네게 보인 양식대로" 성막을 지으라고 하셨다(출 25:40). 이때 광야에 세워졌던 성막은 잃어버린 에덴의 구조를 되짚는다. 성막 동쪽에는 문이 있었다. 휘장 안에는 하나님 임재의 상징인 법궤가 있었다. 생명나무는 금으로 만든 등잔대로, 아담은 하나님 앞에 설 자로 부름 받은 제사장으로 재현되었다. 성막은 이동하는 성소였지만, 그 내부 구조는 정지된 에덴의 공간을 떠올리게 했다.

이후 솔로몬 성전이 건설되었다. 그것은 성막이 정착된 형태였다. 성전은 더 견고한 에덴의 회복을 암시했다. 성전 역시 동문에서 시작해 지성소로 이어지는 구조였고, 그곳에 하나님의 임재가 있었다. 결국 성막과 성전은 모두 잃어버린 하나님의 거처로서의 에덴을 재현하는 모형이었다.

그리고 마침내 예수님이 그 모든 모형의 실체로 오셨다.

예수 그리스도의 몸

예수님은 예루살렘 성전에서 장사하는 자들을 내쫓으신 후에 유대인들에게 말씀하셨다.

"이 성전을 헐라 내가 사흘 동안에 일으키리라"(요 2:19).

사람들은 당황했다. 헤롯이 지은 웅장한 성전을 헐고 사흘 만에 다시 짓는다니, 말도 안 되는 이야기처럼 들렸다. 그러나 성경은 곧바로 이 말씀의 진짜 의미를 설명한다.

그러나 예수는 성전 된 자기 육체를 가리켜 말씀하신 것이라

요 2:21

예수님의 몸은 하나님의 임재가 머무는 성전이었다. 경험한 것만을 붙드는 유대인들에게 이 선언은 충격적이었다.

지금껏 하나님이 거하시는 장소는 성막이었고, 이후에는 돌로 지어진 예루살렘 성전이었다. 그러나 이제는 예수님 자신이 그 임재의 중심이 되셨다. 예수님 안에 하나님의 영광이 머물렀고, 그분을 통해서만 하나님께 나아갈 수 있었다.

성막과 성전은 예수 그리스도를 가리키는 모형이었다. 예수님을 위한 임시 장막이었고, 예수님을 위해 준비된 자리였다. 예수님이 이 땅에 오시기까지 하나님께서 모형을

통해 그분의 계획을 보여주신 거였다. 하지만 십자가와 부활을 통해 실체가 나타난 이상, 더는 돌로 된 성전에 임재하실 필요가 없었다.

그래서 하나님의 거처는 예수님의 몸이 되었고, 죄인이 예수님을 믿으면 그 안에 거하게 되었다. 에덴에서 끊어진 하나님의 임재가 예수 그리스도 안에서 회복된 것이다. 예수님은 하나님의 거처를 회복하셨고, 잃어버린 에덴을 재건하셨다.

교회와 새 예루살렘

예수님의 부활과 승천 이후, 성전은 더 이상 장소에 묶이지 않았다. 하나님은 특정 건물에 머무시지 않았다. 오순절이 그 전환점이었다. 그날, 성령님이 제자들에게 임하셨다(행 2:1-3). 그리고 하나님께서는 성전이 아닌 사람들 안에 임재하시기 시작했다. 성령을 받은 이들이 하나님의 거처가 된 것이다(고전 3:16, 6:19).

이때부터 신자는 자신이 성령의 거처가 되어, 어디에 있든 하나님이 함께하시는 성전으로 살게 되었다. 더는 성전을 찾아갈 필요가 없었다.

초대 교회 성도들은 이것을 삶으로 증명했다. 성령을 받은 이들이 흩어져서 복음을 전했고, 성전 건물이 아닌 '교회'를 세웠다. 성령의 임재를 따라 살아가는 '이동하는 성전'의 시작이었다. 그들은 기도했고 말씀을 붙들었으며, 성찬을 나누고 순종의 삶을 살았다. 그렇게 성령이 거하시는 새로운 성전으로 "함께 지어져" 갔다(엡 2:22).

이 교회의 최종 완성이 바로 "새 예루살렘"이다(계 21:2,3). 새 예루살렘은 완성된 교회이며, 하나님의 임재가 영원히 충만한 천국이다. 그곳에는 성전이 없다(계 21:22). 처음 에덴에서 하나님과 인간이 함께 거닐던 장면이 새 하늘과 새 땅에서 완전히 회복될 것이기 때문이다.

완성된 성전의 중심에는 예수 그리스도가 계신다. 그분은 모든 성전 모형의 실체이며, 하나님의 거처로 우리를 인도하는 대제사장이시기도 하다. 교회는 예수님의 몸이다. 새 예루살렘은 그분의 몸이 완전히 이루어진 모습이다.

우리는 그분 안에서 시작된 여정을 따라가고 있다. 그리고 언젠가 그분과 함께 영원히 거할 그 나라에 도달할 것이다.

20 다 가르쳐 지키게 하라

내가 너희에게 분부한 모든 것을 가르쳐 지키게 하라
볼지어다 내가 세상 끝날까지 너희와 항상 함께 있으리라 하시니라
마 28:20

성경통독의 목표, 제자화

성경통독은 예수님의 제자훈련 방식이다(눅 24:44,45). 예수님을 따라가려면 자기를 부인해야 한다(막 8:34).

성경통독을 통해 우리는 '나'라는 존재를 넘어 예수님을 따르게 된다. 내가 말씀을 읽는 데서 말씀이 나를 읽는 단계로, 나를 넘어 다른 이들을 제자 삼고 예수님을 따르게 하는 단계로 나아간다. 이 일은 성경을 통독할 때 일어난다. 예수 그리스도를 찾아서 성경 전체를 믿음으로, 성령님을 의지하여 반복해서 읽을 때 가능한 일이다.

마태복음에 기록된 예수님의 공생애는 "모든 것을 가르쳐 지키게 하라"라는 명령으로 마무리된다(마 28:20).

지난 2,000년간 모든 제자와 교회의 부르심이 된 이 명령은 교회 담장 안에서만 울리는 소리가 아니다. 모든 성도의 삶의 현장에서 울려 퍼졌던 제자도의 부르심이다.

교회란 말씀의 "모든 것" 되신 예수님과 동행하며, 그분의 말씀으로 성경 전체를 대하는 이들이다. 그런 교회는 또 다른 자를 예수께로 인도한다. 세상은 이 방식으로 변해왔다.

말씀을 삶으로 전수하는 사명

"모든 것을 가르쳐 지키게 하라"라는 명령에서 '가르치다'로 번역된 헬라어 '디다스코'(διδάσκω)는 반복적이고 실천적인 훈련의 의미를 갖는다. 예수님의 제자들은 주님과 함께 걷고, 먹고, 부딪치며 배웠다.

성경통독은 성령님의 동행 가운데 하나님의 '가르침'(디다케, διδαχή)을 받는 일이다. 이는 말씀을 일상에서 살아내는 일로 확대되며 제자도로 연결된다. 성경이 삶에 녹아들면 주변 사람들에게 흘러가게 되어 있다. 하나님의 가르침은 교회의 수많은 프로그램을 통해 전수되는 것만큼이나 삶에서 관계를 타고 흘러간다. 성경통독자는 말씀대로 살아내는 사람이기 때문이다.

예수님의 제자화 명령은 모든 제자에게 주어졌다. 이는

사역자나 영적 리더십만의 역할이 아닌 우리 모두에게 주신 사명이다. 성경통독의 목적은 제자화다. 이는 말씀을 다른 사람과 나누며, 그대로 지키게 하는 일이다. 제자화는 삶의 현장 깊숙이 들어가서 이루어진다. 가정의 식탁에서, 회사 복도에서, 병원 대기실에서 나누는 짧은 대화, 혹은 메시지 한 줄로도 진행할 수 있다.

교회는 '제자들의 모임'이다. 이 정의대로라면, 교회가 세워지는 자리는 특정 공간을 넘어서서 말씀을 나누는 관계와 삶의 현장으로 확대된다.

우리는 성경통독을 통해 예수가 그리스도이심을 타인과 나눌 수 있도록 준비된다. 누군가의 고민을 들을 때, 영화나 드라마 이야기를 나눌 때, 심지어 계절이 바뀌는 것을 함께 느낄 때조차도 마음 깊은 곳에 새겨진 말씀이 연결되어 떠오르게 된다.

그런 순간들이 자연스럽게 복음의 길이 되고, 일상의 대화가 예수 그리스도를 증언하는 통로가 된다. 성경통독은 책상에서 끝나지 않고, 성경통독자의 삶을 통해 오늘도 살아 움직인다.

가르쳐 지키게 하라

복음의 능력은 성경에 담겨있다. 그래서 말씀을 지키며 살아가는 사람이 있는 자리마다 교회가 세워진다. 그가 떠나도 복음이 이어진다.

성경통독은 제자도의 길로 인도한다. 성경통독자의 삶을 또 하나의 복음서로 만든다. 성경을 반복해서 읽고, 살아내고, 전하는 삶에 제자와 교회가 세워진다. 그 끝에 주님이 다시 오신다.

당신은 성경통독 관점을 배웠다. 말씀 속에서 예수님을 만났다. 그분의 삶과 부르심을 따라왔다. 이제 그 말씀을 품고 현장으로 나아갈 때다. 오늘 만나는 한 사람에게 "성경을 같이 읽자"라고 말한다면, 당신은 이미 제자 삼는 삶을 시작한 것이다.

성경을 통독한 사람은 사람을 통독하게 된다. 성경의 눈으로 사람을 만나고, 그에게 말씀을 가르쳐 지키게 하는 데까지 나아간다. 그러려면 몸 안에 말씀이 가득 차야 한다. 그 흘러넘치는 말씀을 갈급한 영혼에게 먹여야 한다.

당신은 혼자가 아니다. 성령께서 함께하신다. 그분과 함께 가르쳐 지키게 하자. 끝까지 기쁨으로 주님의 뜻을 이뤄드리자.

어린아이처럼
말씀 식탁에 앉으라

쉬는 날이었다. 아내는 교회 기도 모임을 인도하러 가서 집에 없었다. 나는 점심 식탁을 차리고, 거실에서 그림을 그리고 있는 유치원생 막내딸을 불렀다.

"예나야, 아빠랑 밥 먹자아~!"

"네에 아빠~ 잠깐만요~"

아이는 후다닥 화장실로 들어갔다. 그 작은 손으로 비누를 비벼 손을 씻고 다시 뛰어나와 식탁에 앉았다.

"우와~! 계란밥이다! 아빠 최고! 계란밥! 계란밥!"

아이는 볼에 밥풀을 묻히며 맛있게 먹었다. 나는 그것을 닦아주었다. 잠시 후 아이가 목 막혀 해서 물도 떠다 주었다. 또 깻잎을 먹고 싶어 해서 잘 떼어 작게 접어서 숟가락에 얹어주었다. 갈치 조림은 일일이 뼈를 발라서 살점만 입에 넣어주었다. 식사 내내 나의 온 관심은 '아이가 잘 먹고 있는가'였다.

아빠 하나님은 우리를 말씀 식탁으로 부르신다. 우리는 말씀 양식을 받아먹을 준비를 하고 식탁에 앉아야 한다. 이때, 너무 긴장하거나 어려워할 필요는 없다.

'후덜덜… 전능하신 창조주 하나님께서 나를 오라 하시니, 목욕재계하고 이발도 하고 회개할 건 없는지 마음도 점검하고 나가야겠다….'

이럴 필요 없다는 거다. 자녀답게 어린아이처럼 부르심에 순순히 나가 앉으면 된다.

어린아이를 보면 배울 점이 참 많다. 식탁에 앉을 때, 어린아이는 격식을 차리지 않는다. 수저를 어떻게 잡아야 하는지, 발을 어떻게 모아야 하는지 신경 쓰지 않는다. 애초에 그런 개념이 없다. 음식을 남기면 안 되고, 물 떠달라고 어른에게 심부름 시키면 안 된다는 것도 모른다. 자신의 행동이 예의에 어긋나는지 고민하지도 않는다. 그저 아빠가 부르니, 달려와서 맛있게 먹는 거다.

말씀 식탁에서 우리는 어린아이와 같아야 한다. 맛있으

면 맛있다 하고, 맛없으면 눈살을 찌푸리거나 울어도 된다. 먹다 흘려도 되고, 식탁 아래로 수저를 떨어뜨리는 실수를 해도 괜찮다. 때로는 마주 앉은 아빠에게 장난을 쳐도 된다.

우리는 성경을 읽는 자리에서 자꾸 부담을 느낀다. 온 마음과 생각을 성경에 완벽하게 집중해야 할 것 같고, 무언가 깨달음을 얻지 못하면 초조해하곤 한다. 때로는 청소부터 하고, 머리부터 감고 와야 할 것 같을 때도 있다.

하지만 하늘 아빠는 그렇게 요구하신 적이 없다. 그저 함께 말씀을 먹자고 부르신다. 말씀을 떠먹여 주려고 다정하게 손짓하신다.

하늘 아빠와 밥 먹는 자리에서는 어린아이처럼 서툴러도 괜찮다. 한 줄만 읽어도 괜찮고, 졸려도 괜찮고, 중간에 멈춰도 괜찮다. 중요한 것은 아빠가 부르신 자리, 말씀 식탁으로 나가는 것이다. 부르심에 대답하는 것이다.

"네에~ 아빠~ 저 부르셨어요?"

말씀 읽는 자리, 성경 앞으로 달려나가자. 하늘 아빠가 식사 준비를 마치고 우리를 기다리신다.

헤브론 성경통독

초판 1쇄 발행 2025년 7월 30일
초판 2쇄 발행 2025년 8월 5일

지은이 송준기

펴낸이 여진구
책임편집 김아진
편집 이영주 최현수 구주은 안수경 김도연
책임디자인 마영애 정은혜 | 노지현 조은혜 남은진
홍보 · 외서 진효지
마케팅 김상순 강성민
제작 조영석 허병용
마케팅지원 최영배 정나영
경영지원 김혜경 김경희

303비전성경암송학교 유니게 과정
이슬비전도학교 / 303비전성경암송학교 / 303비전꿈나무장학회

펴낸곳 규장

주소 06770 서울시 서초구 매헌로 16길 20(양재2동) 규장선교센터
전화 02)578-0003 팩스 02)578-7332
이메일 kyujang0691@gmail.com
페이스북 facebook.com/kyujangbook
카카오스토리 story.kakao.com/kyujangbook
홈페이지 www.kyujang.com
인스타그램 instagram.com/kyujang_com
등록번호 1922-2461
since 1978.08.14

책값 뒤표지에 있습니다.
ISBN 979-11-6504-643-9 03230

규 | 장 | 수 | 칙

1. 기도로 기획하고 기도로 제작한다.
2. 오직 그리스도의 성품을 사모하는 독자가 원하고 필요로 하는 책만을 출판한다.
3. 한 활자 한 문장에 온 정성을 쏟는다.
4. 성실과 정확을 생명으로 삼고 일한다.
5. 긍정적이며 적극적인 신앙과 신행일치에의 안내자의 사명을 다한다.
6. 충고와 조언을 항상 감사로 경청한다.
7. 지상목표는 문서선교에 있다.

하나님을 사랑하는 자 곧 그의 뜻대로 부르심을 입은 자들에게는 모든 것이 合力하여 善을 이루느니라(롬 8:28)

Member of the Evangelical Christian Publishers Association

규장은 문서를 통해 복음전파와 신앙교육에 주력하는 국제적 출판사들의 협의체인 복음주의출판협회(E.C.P.A:Evangelical Christian Publishers Association)의 출판정신에 동참하는 회원(Associate Member)입니다.

창세기 출애굽기 레위기 민수기 신명기 여호수아 사사기 룻기 사무엘상
사무엘하 열왕기상 열왕기하 역대상 역대하 에스라 느헤미야 에스더 욥기
시편 잠언 전도서 아가 이사야 예레미야 예레미야애가 에스겔 다니엘
호세아 요엘 아모스 오바댜 요나 미가 나훔 하박국 스바냐 학개 스가랴 말라기

마태복음 마가복음 누가복음 요한복음 사도행전 로마서 고린도전서
고린도후서 갈라디아서 에베소서 빌립보서 골로새서 데살로니가전서
데살로니가후서 디모데전서 디모데후서 디도서 빌레몬서 히브리서 야고보서
베드로전서 베드로후서 요한1서 요한2서 요한3서 유다서 요한계시록

창세기 출애굽기 레위기 민수기 신명기 여호수아
사사기 룻기 사무엘상 사무엘하 열왕기상 열왕기하
역대상 역대하 에스라 느헤미야 에스더 욥기
시편 잠언 전도서 아가 이사야 예레미야 예레미야
애가 에스겔 다니엘 호세아 요엘 아모스 오바댜
요나 미가 나훔 하박국 스바냐 학개 스가랴 말라기
마태복음 마가복음 누가복음 요한복음 사도행전
로마서 고린도전서 고린도후서 갈라디아서
에베소서 빌립보서 골로새서 데살로니가전서
데살로니가후서 디모데전서 디모데후서 디도서
빌레몬서 히브리서 야고보서 베드로전서 베드로후서
요한1서 요한2서 요한3서 유다서 요한계시록